미국 경제를 알면
돈이 보인다

AN UNCHARTED ECONOMIC JOURNEY

포스트 코로나 시대를 맞는, 가장 쉬운 재테크 입문서

미국 경제를 알면
돈이 보인다

김두영 지음

행복한작업실

〈서문〉

2020년 3월 신종 코로나 바이러스가 글로벌 팬데믹Pandemic으로 퍼져 나갔다. 미국과 한국을 비롯한 전 세계 금융 시장은 일제히 폭락했다. 유일하게 달러화만이 폭등했다. 경제 위기에서 달러가 최고의 안전 자산이라는 인식이 확산했기 때문이다. 주식, 채권, 원자재, 비트코인 등 나머지 모든 자산 가격이 처참하게 무너졌다. 1918년 발생해 전 세계적으로 수천만 명의 목숨을 앗아간 스페인 독감 이후 약 100년 만에 바이러스가 다시 글로벌 금융 시장을 공격한 것이다.

대부분의 금융 전문가들이 미래를 암울하게 전망했다. 하지만 이 예상은 보기 좋게 빗나갔다. 글로벌 금융 시장은 곧바로 V자 반등을 시작했다. 순식간에 코로나 사태 이전 수준을 회복하고, 나아가 천장을 뚫을 듯 폭등했다. 이미 말한 대로 이러한 반등을 예상한 전문가는 많지 않았다. 그들은 실물경제가 회복할 때까지 2~3년을 기다려야 한다며 신중하게 접근했었다.

글로벌 반등의 시작은 태평양 너머에 있는 미국이었고, 한국은 곧바로 그 뒤를 따랐다. 더 놀라운 점은 이 반등의 주역은 막대한 자금력을 보유한 기관 투자자가 아니었다. 그들은 개인 투자자였다. 미국에서는 그들을 로빈 후드Robin Hood라 불렀고, 한국에서는 동학 개미, 서학 개미라 불렀다. 그들이 글로벌 경제 반등의 중심에 있었다.

특히 한국의 개인 투자자들은 환호했다. 1990년대 말 외환 위기와 2008년 글로벌 금융 위기를 경험했던 그들에게 코로나 사태의 한복판에 있던 2020년은 돈을 벌 수 있는 10년 만의 기회였다. 그 기회를 놓칠 수 없다며 담보 대출과 신용 대출을 최대한 끌어모아 금융 시장에 쏟아부었다.

글로벌 금융 시장은 하루가 다르게 빠르고 복잡하게 변하고 있다. 투자의 달인, 투자의 구루Guru로 알려진 인물들도 예측을 제대로 하지 못해 판판이 깨지고 있다. 맞다. 글로벌 금융 시장은 이제 '예측의 영역'을 벗어났다. 미래를 예측하는 것은 매우 힘들어졌다.

하지만 미래 예측이 완전히 불가능한 것은 아니다. 글로벌 경제 패러다임의 변화를 이끌어가는 주체와 원동력을 이해하면 조금은 '예측의 영역'을 지켜낼 수 있다. 불가능을 어느 정도 가능케 할 수 있다는 이야기다. 그러려면 정치적 이념과 개인적 선호도를 잠시 내려놓아야 한다. 냉정하게 시장이 어떻게 움직이는지를 바라

보는 것이 중요하다. 차가운 이성의 눈으로 시장의 흐름을 이해하고 미래를 예측하려 해야 한다.

골프를 해 봤다면, 좋은 점수를 얻으려면 어깨의 힘부터 빼야 한다는 사실을 잘 알 것이다. 기본 중의 기본을 지켜야 한다는 뜻이다. 마찬가지로 필자는 투자를 할 때 '힘 빼기'를 강조하고 싶다. 투자 경험이 많다고 해도 항상 성공하리라는 보장은 없다. 주식 시장이 널뛰기를 할 때 어떻게 대처할 것인가? 기본으로 돌아가야 한다.

글로벌 무역과 금융 시장은 이미 통합돼 있다. 그러니 전 세계 금융 시장은 한 몸처럼 움직이고 있다. 좋든 싫든 슈퍼 파워인 미국 시장이 주도하고 있으며, 우리가 의식하든 의식하지 못하든 한국의 주식 시장은 미국을 그대로 따라가고 있다. 이 사실을 이해하는 게 기본의 시작이다.

주택을 비롯한 부동산 시장도 마찬가지다. 한국과 미국의 영토 크기가 다르기 때문에 서로 관계가 없다고 착각할 뿐이다. 실제로는 비슷한 방향으로 움직이고 있다. 이는 '부동산의 금융화'에서 비롯된 현상이다. 많은 사람들은 집을 단순히 사고파는 '실물 자산' 쯤으로 생각할 것이다. 아니다. 이미 부동산은 금융 상품으로 변신해 활발하게 매매되고 있다. 따라서 개인 투자자들이 미국 경제와 주식, 부동산 시장을 제대로 이해하지 못하면 돈의 흐름을 제대로 읽을 수 없다. 이 또한 기본에 해당한다.

이 책은 크게 1개의 Prologue와 4개의 Part로 구성돼 있다. Prologue에서는 2020년 실제 투자 현장의 이야기를 그대로 전달했다. 이어 본 내용으로 들어가 Part 1은 코로나 사태로 달라진 글로벌 경제 상황을 짚었다. Part 2는 우리가 왜 미국에 주목해야 하는지를 다양한 각도에서 설명했다. Part 3은 2021년 이후 미국과 한국을 비롯한 세계 경제에 불어올 '쓰나미'급 변화를 전망했다. 이어 마지막 Part 4는 불확실한 글로벌 경제 상황에서 투자할 때 주목할 점을 체크했다.

코로나 사태 이전에는 금융 시장에서 개인들은 철저하게 소외됐다. 개인들이 팔면 오르고, 사면 떨어진다는 비아냥거림도 들었다. 이제는 달라졌다. 동학이든 서학이든 인터넷과 유튜브를 통해 '지식의 민주화'가 이뤄진 덕분에 정보의 불균형도 크게 해소됐다. 중요한 투자 정보는 개인들도 노력만 하면 충분히 얻을 수 있다.

그러니 결국 중요한 것은 다시 '기본'이다. 얼마나 철저하고 냉정하게 시장을 분석하며 대응하는지에 달렸다. 앞으로 기관과 외국인처럼, 개인 투자자도 당당하게 3대 시장 참여자로 대접받는 날이 오기를 기대해 본다.

김두영

목차

Part 1

코로나 시대, 경제 체질이 바뀐다

Part 2

왜, 여전히 미국에 주목해야 하는가?

Part 3

2021년, 쓰나미급 변화가 몰려온다!

Part 4

포스트 코로나 시대의 투자 전략

Prologue

2020,
투자의 현장

2020년은 돈이 춤추던 해였다

30대 후반의 영민 씨(가명)는 대기업에서 매니저로 일하고 있다. 요즘에는 직급 체계가 단순화돼 매니저와 팀장으로만 구분하는 기업들이 많다. 영민 씨는 팀장도 아니지만 연봉이 약 7,500만 원으로 대기업 평균보다 상당히 높은 편이다. 인사 고과에서 높은 점수를 받으면 연말 보너스까지 받는데, 이럴 때는 연봉이 9,000만 원을 넘어선다.

4대 보험과 세금 등을 제외한 영민 씨의 실수령액은 월 580만 원 정도다. 이 정도면 요즘처럼 어려운 시기에 남부럽지 않은 수입이다. 하지만 영민 씨는 경제적으로 상대적 박탈감을 많이 느꼈다.

아파트를 살 타이밍을 놓친 게 문제였다. 서울 지역 아파트 가격이 하루가 다르게 치솟으니 평생 아파트 장만은 글러 먹었다는 자괴감을 떨칠 수 없었다.

2020년 5월 초 코로나 사태 이후 폭락했던 주가가 서서히 반등할 때 영민 씨가 큰 결심을 했다. '이래서는 죽도 밥도 안 된다. 설령 독이 들었다 하더라도 이득이 된다면 독배를 받아야겠어. 행동이 필요해.'

영민 씨는 부모님께 돈 1억 원을 빌렸다. 보험을 제외한 예금과 적금, 펀드, 아파트 청약 저축까지 모두 해약해 1억 원을 마련했다. 청약 저축이 아깝기는 했지만 어차피 점수가 너무 낮아 당첨 확률은 거의 없다고 생각했다. 총 2억 원의 종잣돈으로 주식 투자를 시작했다.

나름대로 분석을 통해 투자처를 결정했다. 애플에 1억 원, 테슬라에 1억 원을 과감히 투자했다. 아이폰과 아이패드를 사용하는 소비자의 관점에서 세계 1위 IT 기업인 애플이 망하면 지구가 망할 것이라고 생각했다. 테슬라는 그동안 주가가 많이 올라 망설였지만, 친구의 '모델3'를 타본 이후로 전기 차의 성능과 디자인에 완전히 매료됐다. 이 정도 차량이면 기존의 가솔린, 디젤 차량은 경쟁이 되지 않을 거라는 생각이 들었다.

2020년 12월. 결산의 시간이 왔다. 영민 씨가 투자한 2억 원은 5억 원으로 불어나 있었다. 애플 주가는 산 가격의 2배, 테슬라는 3배가 됐다. 그는 일부 주식을 팔아 부모님께 빌린 1억 원을 돌려

드렸다. 감사의 표시로 고급 시계를 덤으로 드렸다. 나머지 주식은 아직도 갖고 있다.

"남들은 고액 연봉의 대기업에 다닌다고 부러워하지만, 실상 세금 떼고 남는 돈으로 생활비 쓰고 나면 1년에 2,000만 원 모으는 것도 힘들다. 금리가 낮아서 돈이 갈 곳이 없다면 주식 아니면 부동산으로 갈 텐데, 부동산은 너무 비싸서 엄두가 안 나고, 차라리 미국 주식에 투자하는 게 낫다고 생각했다."

영민 씨가 필자에게 한 말이다. 성실하게 직장에서 일하는 많은 사람들의 복잡한 심리가 고스란히 드러난다. 그들을 비난할 수 있겠는가? 그들은 벼락부자가 되려는 게 아니다. 다만 안정적인 삶을 누리기 위한 경제적 기반을 원하는 것이다. 결과적으로 영민 씨는 채 1년도 되지 않아 연봉의 2배가 넘는 돈을 벌었다. 영민 씨에게 2020년은 그야말로 기회의 해였다. 돈다발이 화려한 군무를 추던 해였다.

연봉이 높기로 소문난 한 외국계 기업에 다니는 매니저 석철 씨(가명)는 부동산에 영혼을 쓸어 담았다. 석철 씨는 30대 중반으로, 아직 미혼이다. 결혼을 서두르지는 않는다. 좋은 사람이 생긴다면 모르겠지만 나이에 쫓겨 결혼하고 싶은 마음은 없다. 석철 씨가 가장 원하는 것은 '경제적 자유'다. 누군가에게 빚을 진 것은 아니다. 다만 젊을 때 돈을 많이 모아서 나중에 원하는 것은 언제든 할 수 있는 삶을 살기를 원한다.

석철 씨는 5년 전 주식 투자를 시작했다. 하지만 수익률이 그다지 높지 않았다. 2020년에 다들 주식으로 돈을 벌었다고 하는데, 석철 씨는 그 '다들'의 범위에 들어있지 않았다. 아무래도 주식과 맞지 않는 걸까? 이런 생각을 하며 석철 씨는 부동산으로 눈을 돌렸다.

서울 아파트 가격이 미친 듯이 올라갔다. 더 이상 오르지 않을 것 같은데도 계속 올랐다. 너무 늦게 뛰어드는 건 아닌가, 이런 생각을 하면서도 석철 씨는 2020년 10월 결단을 내렸다. 지은 지 35년 된 여의도 재건축 아파트를 무려 15억 원에 매입했다. 살던 집의 전세자금, 아파트 담보 대출과 마이너스 통장, 신용대출, 캐피탈 회사의 신용대출과 부모님 대출까지 탈탈 끌어모아 간신히 자금을 마련했다. 갖고 있던 차도 팔았다. 이른바 2030 세대의 '영끌(영혼까지 끌어모은)' 투자다. 그가 한 달에 내는 대출 원리금만 350만 원. 이걸 빼고 나면 생활비로 약 80만 원이 남는다.

"갑자기 거지가 됐지만, 후회는 없다. 5년, 10년이 걸리든 언젠가는 재건축이 되지 않겠는가? 그때쯤이면 아파트값이 2배, 즉 30억 원은 돼 있을 거라고 믿는다. 20년 정도 원리금만 잘 갚으면 30억 원짜리 집이 생기는 것이니, 손해 보는 장사가 아니다."

석철 씨의 바람이 실현될지는 모르겠다. 일단은 출발이 좋다고 했다. 2020년 12월 결산의 시간, 그 사이에 아파트가 1억 원이 올랐다. 집을 팔지 않았기에 실현되지 않은 평가이익일 뿐이지만 석철 씨는 뿌듯하다.

코로나 사태 이후 2030 세대를 포함해 거의 모든 국민이 주식과 부동산에 빠져 있다. 시중 금리가 거의 '제로' 수준으로 떨어져, 물가 상승률을 감안할 때 은행에 돈을 맡기면 손해를 보는 시대에 살고 있기 때문이다. 말 그대로 현금이 쓰레기 취급을 받는 시기다. 지금까지 한 번도 경험해 보지 못한 세상이다. 그래서 너도나도 투자 대열에 합류하고 있다.

2020년 한국의 유행어는 씁쓸하지만 '벼락 거지'다. 성실하게 일만 열심히 하고, 주식과 부동산 등 자산 시장에 투자하지 못한 사람은 박탈감을 느낀다. 한 달 동안 회사에서 열심히 일하면 월급 통장에 몇백만 원이 들어오지만, 다른 사람들은 주식과 부동산 투자로 그보다 몇 배 많은 돈을 버니 우울해지기까지 한다. 세상은 역시 불공평하다는 푸념이 절로 나온다.

문제는, 이런 과정을 통해 자산을 갖고 있는 사람과 그렇지 못한 사람의 삶이 순식간에 회복할 수 없는 수준으로 벌어진다는 데 있다. 비슷한 현상은 미국에서 먼저 시작됐다. 미국에서는 이와 관련해 'FOMOFear Of Missing-Out'라는 유행어까지 생겨났다. 수많은 사람이 돈을 벌었는데 나만 소외된 것 아니냐는 두려움이 팽배해졌다.

FOMO 현상이 나타나면서 개인들이 주식과 부동산 등 자산 시장으로 대거 몰렸다. 모바일과 스마트폰에 익숙한 밀레니얼 세대는 수수료가 사실상 '0'에 가까운 증권거래 애플리케이션 로빈 후드Robin Hood를 이용했다. 이 앱 이용자의 평균 연령은 31세에 불과하다. 친구를 초대하면 약 2달러짜리 주식 1주를 무료로 준다. 그래서 미국의 개인 주식 투자자를 '로빈 후드'라고 부른다. 로빈 후드는 중세 영국에서 가혹한 군주의 압박에서 벗어나 자유를 추구한 '의적'으로 알려져 있다. 미국 개인들이 '월가'의 울타리에서 벗어나 부(富)를 쌓겠다는 의지를 담은 표현이다. 이처럼 미국의 주식 투자 열풍은 결코 한국에 뒤지지 않고, 오히려 어떤 면에서는 한국을 능가한다.

이제 2021년이 왔다. 올해도 주식 시장은 계속 폭등할까? 아마 그렇지는 않을 것이다. 올해는 불확실성이 더 커졌다. 2020년에 중시가 V자 반등을 했지만, 2021년부터는 K자 반등이 기다리고 있다. 즉, 실물 경기 회복 과정에서 살아나는 기업과 그렇지 못한 기업이 극명하게 엇갈린다는 점이다. 잘되는 기업과 개인은 더욱 잘되고, 안 되는 기업은 더욱 안 된다. 양극화가 심화된다는 점인데, 이를 피하기는 어렵다.

40대 초반의 전업 주부 민진 씨(가명)는 2020년 11월에 주식 시장에 뛰어들었다. 이유는 단순했다. 주변 사람들이 다 하니까! 주식 투자를 하지 않으면 대화에도 끼지 못했다. 게다가 누구는 얼마를 벌었고, 누구는 번 돈으로 명품을 샀다는 식의 이야기를 듣다 보면 자신이 바보처럼 느껴졌다.

한 달의 성적표는 좋지도, 나쁘지도 않았다. 대략 이익률이 3~5% 수준이었다. 민진 씨는 투자한 돈이 너무 적어 이익금도 적은 거라 생각했다. 결국 2021년 1월 초, 수수료까지 내면서 적금을 해지했다. 적금을 깬 1,000만 원은 모두 주식 시장에 쏟아부었다.

주변에 이런 사람들이 상당히 많다. 필자는 그들이 모두 2021년에도 돈맛을 보기를 원한다. 하지만 많은 개인 투자자들이 장밋빛 전망만 가지고 시장에 뛰어든다. 분명 2020년에 돈이 춤을 췄으니 2021년에도 더 현란한 칼춤을 출 거라고 기대하면서 말이다.

하지만 이제는 운으로 돈을 벌 수 없다. 철저한 학습과 분석이 뒷받침돼야 한다. 그 시작이 바로 세계 경제를 움직이는 미국 경제에 대한 철저한 이해다. 그들이 이 책에서 도움을 얻기를 바랄 뿐이다. 물론 2021년에도 돈이 화려한 춤을 추기를 바라면서 말이다.

코로나 사태는 기업들에게
'양날의 칼'로 작용했다.
최악의 위기 상황이긴 하지만
과거의 안일했던 관행을 버리고
새로운 변화를 받아들이는 계기로도 작용했다.

Part 1

코로나 시대, 경제 체질이 바뀐다

2019년 12월 중국 후베이湖北성 우한武漢에서 원인을 알 수 없는 바이러스성 폐렴 환자가 발생했다. 그 바이러스가 코로나 바이러스의 변종이라는 사실이 곧 밝혀졌다. 해를 넘기면서 신종 코로나 바이러스(코로나19)는 전 세계적으로 확산했다.

2020년 3월 세계보건기구WHO는 팬데믹Pandemic(대유행병)을 선언했다. 2020년 한 해 동안 전 세계에서 180만 명 이상이 신종 코로나 바이러스 감염증으로 목숨을 잃었다. 전 세계가 백신 접종을 서두르고 있지만 2021년 이내 종식은 사실상 불가능하다는 분석이 많다.

코로나 사태로 전 세계가 최악의 경제 위기를 맞았다. 그 결과 경제 체질이 근본적으로 바뀌고 있다. 미래를 예측하려면 현재의 변화부터 제대로 이해해야 한다. 포스트 코로나 시대를 논하기 전, 코로나 시대의 변화부터 숙지해야 하는 이유다.

1

바이러스가 촉발한
글로벌 경제 위기

코로나 사태가 터지기 전부터 특히 미국의 경제 전문가들 사이에 '10년 경제 위기설'이 종종 거론됐다. 2008년 발생한 금융 위기를 수습한 이후 2010년부터 경기 확장 국면이 계속됐으니 10년이 지난 지금쯤 경제 위기가 다시 터질 때가 됐다는 것이다.

전문가들은 경제 위기의 발원지를 찾으려 촉각을 곤두세웠으나 그 징후를 찾기가 어려웠다. 그나마 단초를 찾는다면 미국과 중국의 무역 전쟁일 거라 생각했었다. 하지만 아니었다. 중국과의 무역 전쟁이 미국 경제에 악영향을 준 것은 사실이지만 전면전까지 가지는 않았다.

여전히 자동차, 항공, 소매, IT 등 모든 분야의 미국 대기업들이 중국 시장에 막대한 자금을 투자한 상태였고 이익도 많이 내고 있었다. 미국으로서는 사회주의 국가인 중국 정부가 미국 기업의 자산을 동결하며 내쫓는 극단적 상황도 염두에 둬야 한다. 그러니 미국도 끝까지 가지 않을 것이란 전망이 많았다. 결국 두 나라의 무역 분쟁이 경제 위기의 진원지라고 볼 수는 없었다. 경제 위기는 뜻하지 않은 곳에서, 그리고 아무도 예측하지 못한 분야에서 시작됐다. 바로 바이러스였다.

| 경제 외적 요소가 경제를 파괴했다

롯데백화점이나 신세계백화점의 이름을 들어보지 않은 한국인은, 적어도 성인 중에서는 없을 것이다. 미국에도 그런 백화점이 있다. 바로 JC페니다.

JC페니는 1902년에 설립돼 120년 가까운 역사를 자랑하는 백화점이다. 텍사스주에 본사를 두고 있으며 미국 전역과 푸에르토리코에 860개 이상의 지점을 운영하고 있다. 전체 종업원 수만 9,500여 명에 이른다.

이 백화점이 코로나 사태로 촉발된 경제 위기를 극복하지 못하고 2020년 5월 파산을 신청했다. 많은 종업원들이 모두 실직 위기에 처했다. 나중에 부동산 투자 회사가 이 백화점을 인수하는 것으로 가닥이 잡혔지만, 코로나 경제 위기가 얼마나 심각한지를 단적으로 보여주는 사례다.

어디 JC페니만 그랬겠는가? 주요 백화점은 모두 휘청거렸으며 실제 파산한 유통업체도 상당히 많다. 미국 전역에서 1만 곳에 가까운 소매업체가 2020년 폐업했고, 11만 곳의 레스토랑이 문을 닫았다. 우리 모두가 잘 아는 대로 한국에서도 수많은 기업과 자영업자들이 위기를 맞았다. 전 세계가 바이러스 앞에 무릎을 꿇은 것이다.

경제가 무엇인가? 인력과 자금이란 자원을 쉴 새 없이 투입해 상품과 서비스를 생산하며 국내총생산GDP을 키우는 시스템이다. 그런데 코로나 사태로 인해 한때 이 경제 시스템이 멈추기도 했다. 바로 봉쇄 조치Lock down 때문이다. 바이러스 확산을 막기 위해 어쩔 수 없는 측면이 있었지만, 완화가 아닌 봉쇄의 파급 효과는 너무 컸다.

자전거를 떠올려 보라. 다소 느리더라도 페달을 밟을 수 있다면 넘어지지는 않는다. 하지만 장애물을 만나 페달을 돌릴 수 없다면 자전거는 쓰러진다. 맥없이 넘어진 자전거처럼 봉쇄 조치로 경제의 핵심 양대 축인 가계와 기업이 속절없이 무너졌다. 여행, 관광, 소매, 항공 등 소비 업종을 넘어 제조업 공장도 가동을 중단했다. 후유증은 심각했다. 기업이 파산하고 직원들이 해고됐다. 일자리를 잃고 소득이 줄어든 서민들은 소비를 줄일 수밖에 없었다. 미국 경제의 3분의 2를 차지하는 소비가 급격히 얼어붙었다.

이 경제 위기의 출발은 바이러스였다. 그러니 위기를 극복하려면 이 바이러스를 없애는 게 급선무다. 미국 정부는 코로나 백신과 치료제 개발에 막대한 자금을 지원했다. 가령 국립보건원NIH 산하 국립알레르기·전염병연구소NIAID와 공동으로 백신을 개발한 모더나는 10억 달러(약 1조 2,000억 원)를 지원받았다.

다른 제약사들도 일제히 백신 개발에 돌입했다. 그 결과 여러 백신이 개발됐다. 하지만 백신의 안전성에 대한 우려도 제기되고 있다. 이 때문에 실제 백신 접종과 집단 면역, 바이러스 퇴치까지는 앞으로도 최소한 2~3년 이상의 기간이 더 필요할 것으로 보인다.

문제는, 그 동안에 경제 위기가 심화한다는 데 있다. 경제 외적 요소로 발생한 위기이지만 오히려 경제 추락 속도는 과거보다 더 빠르다. 물론 회복 속도도 더디다. 맞다. 미국 정부는 백신과 치료제 개발 외에도 무너져 가는 경제를 떠받쳐야 하는 숙제를 떠안았다.

| 글로벌 경제 위기의 추억

경제 공황을 종종 '자본주의의 덫'이라고 한다. 자본주의가 발전하는 과정에서 인간의 이기심은 최대치로 치닫는다. 더 많은 이익을 얻기 위해 무리수를 둔다. 과잉 생산을 하고, 조금이라도 더 많은 이익을 얻기 위해 위험한 투자를 서슴지 않는다. 그게 치명적인 덫인 줄 알면서 말이다. 어쩌면 이 덫은 자본주의 자체에 내재돼 있다. 그러니 코로나 경제 위기 이전의 경제 위기는 대부분 경제 내적 요소로 촉발됐다고 볼 수 있다.

20세기 들어 미국에서만 여러 차례 경제 위기가 시작됐다. 미국발發 경제 위기는 어김없이 전 세계로 확산했다. 당연히 전 세계가 휘청거렸다. 우리가 익히 알고 있는 1929년의 대공황Great Depression 이 대표적이다.

당시 미국 대공황이 세계 대공황으로 번지면서 전 세계 경제가 최악의 수준까지 떨어졌다. 여러 나라에서 서민들은 못 살겠다고 아우성을 쳤다. 바닥까지 떨어진 무능한 정치, 그 약한 고리를 비집고 전체주의 세력이 힘을 키웠다. 히틀러, 무솔리니, 일본 군국주의 세력이 모두 그런 배경에서 급성장했다. 이들 전체주의 세력이 제2차 세계 대전을 일으켰다. 약 90년 전의 이 대공황은 경제 위기의 무서움을 단적으로 보여준다. 경제 위기는 경제 위기로 끝나지 않는다! 제2차 세계 대전이 그 증거다.

까마득한 옛날의 이야기라고 치부해서는 안 된다. 물론 경제 위기로 인해 제3차 세계 대전이 올 것이라고 예언하는 것은 곤란하다. 그때보다는 훨씬 더 국제 사회가 복잡해졌고, 당시에는 예측하지 못했던 국제 정치 갈등이 더 심해졌기 때문이다. 경제가 여전히 중요한 요소이기는 하지만 다른 요인들이 많다는 이야기다. 물론 그렇다 하더라도 경제 위기와 세계 대전의 연결 고리는 여전히 남아있다.

전쟁까지는 아니지만 21세기에도 미국에서 시작된 경제 위기가 전 세계를 흔든 사례는 꽤 있다. 대표적인 2개의 사건만 든다면, 2000년대 초반의 IT 버블 붕괴와 2008년의 서브 프라임 모기지 사태에 따른 글로벌 경제 위기다. 이때에도 미국 경제가 흔들리자 전 세계 경제가 휘청거렸다.

그리고 2020년. 우리는 다시 신종 코로나 바이러스 사태의 여파로 글로벌 경제 위기를 맞았다. 물론 지금의 경제 위기는 여러모로 과거의 경제 위기와 사뭇 다르다. 2000년과 2008년의 글로벌 경제 위기만 보더라도 'IT 기업의 버블'과 '금융 회사들의 무분별한 팽창'이 원인이었다. 반면 지금의 경제 위기는 경제 외적 요인, 즉 바이러스에서 촉발됐다. 달리 말하자면, 별문제 없이 잘 굴러가던 글로벌 경제가 바이러스라는 암초를 맞아 급작스럽게 멈춰 섰다는 이야기다.

| 2000년대 초반 IT 버블 붕괴, 어떻게 극복했을까

1990년대 중반 미국에서 새로운 형태의 기업들이 주목받기 시작했다. 그 기업들은 인터넷을 기반으로 했다. 그래서 '닷컴dot.com 기업'이라고 했다.

닷컴 기업들은 등장하자마자 투자자의 주목을 끌었다. 인터넷 사이트를 구축하고 그럴듯한 사업 계획서만 제시하면 세상을 바꿀 기업으로 여겨졌다. 투자자들이 앞뒤 가리지 않고 달려들었고 액면가의 수백, 수천 배를 주고 주식을 사 갔다. 주가는 천정부지로 치솟았다. 기업 가치에 대한 객관적이고 냉정한 평가는 이뤄지지 않았다. 창업자가 부르는 가격이 곧 기업 가치가 됐다.

증시에 이만한 호재가 없다. 당연히 증시에도 불이 붙었다. 1995년부터 1999년까지 5년 동안 나스닥 지수는 무려 440% 상승했다. 비로소 인터넷 기업의 거품을 경고하는 목소리가 나왔다. 하지만 이 경고를 진지하게 받아들이는 이들은 별로 없었다.

2000년 이후 인터넷 기업들의 실체가 조금씩 드러났다. 인터넷 기업들의 성과는 처참했다. 투자자들에게 약속한 매출과 영업이익에 한참 미달했다. 주주들의 투자금만 까먹으면서 적자에 허덕이는 기업도 수두룩했다. 세상을 바꿀 거라던 그 기업들이 알고보니 자신의 몸조차 추스르지 못하는 상태였다.

언제 실현될지 모르는 꿈과 희망에 사람들이 지쳐갔다. 기대감이 크면 실망감도 크다는 말이 있듯이, 허울 좋은 미래 비전에 지친 몇몇 투자자들이 고高평가된 주식을 팔았다. 글로벌 투자 세계의 핵심 플레이어 숫자는 의외로 적다. 영향력 있는 펀드 매니저가 특정 기업 주식을 대량으로 팔면 금방 소문이 퍼진다. 그때도 그랬다. 이것을 지켜본 다른 투자자들도 덩달아 주식을 던지는 도미노 현상이 벌어졌다. 투매가 시작되면서 인터넷 기업들의 주가가 곤두박질쳤다. 너 나 할 것 없이 빨리 가라앉는 배에서 탈출을 시도했다. 이미 늦었다. 무차별적으로 주식이 폭락했으며 시장에는 공포감이 팽배했다.

이렇게 해서 시작된 것이 바로 IT 버블 붕괴다. 당시 아마존 주가 변화에서 거품이 얼마나 컸는지를 알 수 있다. 아마존 주가는 약 100달러까지 올랐다가 5달러로 추락했다. 무려 95%나 주가가 떨어진 것이다. (지금은 다르다. 2020년 말 아마존 주가는 3,000달러를 훌쩍 넘었다.)

경기가 침체하면 중앙은행은 기준 금리를 낮춘다. 가장 전형적인 이 방식으로 미국 정부가 대응했다. 미국 중앙은행 역할을 하는 연방준비제도Fed(연준)는 2000년 말 6.5%였던 금리를 2001년 8월 3.5%까지 낮췄다. 금리를 낮춰줄 테니 가계와 기업들이 대출을 더 많이 받아 소비하라는 의도다.

하지만 시장에서 이 조치는 별 효과를 보지 못했다. 미국에서 또다시 악재가 터졌기 때문이다. 한 달 뒤인 2001년 9월, 9.11 테러가 터진 것이다. 공포감이 극에 이르면서 미국 경기는 더 얼어붙었다. 연준은 2001년 말 다시 금리를 1.75%까지 낮췄다.

경제 내적 요소에 정치적 요소까지 겹친 최악의 상황. 그 후로도 미국은 어수선했다. 2003년 봄에는 이라크 전쟁의 우려가 커졌다. 연준은 또다시 2003년 6월, 기준 금리를 1%까지 낮췄다. 이 정도면 제로 금리에 가깝다. 실제로 당시에 "이럴 때 돈을 빌리지 않으면 바보."라는 말까지 나왔을 정도였다.

어쨌거나 미국은 지속적인 금리 인하를 통해 경기를 끌어올렸다. 그러니 금리 인하가 경제 위기 탈출의 일등 공신이라고 할 수 있을 것 같다. 게다가 IT 버블 붕괴 사태를 수습하는 과정에서 자연스럽게 부실기업이 정리됐다. 기업의 옥석도 동시에 명확해졌다. 장밋빛 전망을 제시했다가 이를 달성하지 못한 기업은 파산했다. 비교적 재무상태가 건실하고, 혁신적 서비스를 무기로 들고 나온 IT 기업이 새롭게 부각됐다. 다시 경기가 살아나기 시작했다.

| 금융 괴물의 이기심이 만든 경제 위기

금리가 낮아지면 시중에 자금이 많이 풀린다. 이 자금이 엉뚱한 곳으로 몰리면 또다시 버블이 만들어진다. 다행히 큰 위기를 겪고 난 미국은 달라졌다. 시중의 자금은 더 이상 버블 기업에 투자되지 않았다.

탄탄한 기술력을 바탕으로 성장 가능성이 명확한 기업들에 대한 투자가 시작됐다. 자금을 확보한 이들 기업들은 견고하게 성장했다. 일자리가 늘고 개인 소득도 증가했다. 비로소 자금의 선순환 구조가 자리 잡은 것이다.

자본주의 시스템은 결코 돈을 그냥 내버려 두지 않는다. 경기가 회복되자 또다시 투자 욕구가 꿈틀거렸다. 이번엔 부동산이 새로운 투자처로 떠올랐다. 초저금리로 쉽게 돈을 조달할 수 있게 된 중산층의 '내 집 마련하기' 열풍이 시작됐다.

IT 버블 붕괴 때 주식에서 호되게 당했던 투자자들도 가만히 있지 않았다. 당연히 그들도 골드러시를 하는 개척자들처럼 부동산 시장으로 몰려갔다. 이러면 그다음 수순은 예상이 가능하다. 과하면 늘 화를 부르는 법이다. 이번에는 금융 자본주의의 민낯이 고스란히 드러나는 사건이 터졌다. 그게 2008년의 서브 프라임 모기지 사태다.

부동산에 돈이 몰리고 주택 가격이 치솟자 월가의 은행들은 더 많은 돈을 벌려고 상당히 복잡한 방법을 고안해 냈다. 쉽게 말하자면 이런 식이다.

잭슨 씨가 집을 산다고 치자. 잭슨 씨는 집을 담보로 은행에 주택 가격의 70%를, 20년 동안 갚기로 하고 대출을 받았다. 이게 주택 모기지 대출이다. 그 결과 은행은 '담보권'이란 것을 얻었다. 은행은 이 담보권을 금융 상품으로 재탄생시켰다. 담보권을 토대로 한 채권을 발행하는 것인데, 이 채권이 주택담보증권, 즉 MBSMortgage-Backed Securities다.

미국 은행들은 MBS를 전 세계 투자자에게 판매해 엄청난 수수료 이익을 챙겼다. 더 많은 돈을 벌기 위해 경쟁적으로 대출을 권장했다. 대출 심사는 원래 까다롭다. 하지만 은행들은 연간 소득과 보유 재산을 묻지도 않았다. 게다가 담보 가치를 웃도는 대출도 다반사였다. 심지어 담보 가치의 120~130%까지 대출해 준 채권도 많았다. 집값이 10만 달러인데, 은행이 12만~13만 달러를 대출해 주고, 대출받은 사람은 그 돈으로 다시 집을 사는 지경에 이르렀다.

정말 큰 문제는 다음부터다. 돈을 빌린 사람의 신용도가 낮거나, 담보 가치를 매우 높게 잡은 대출을 서브 프라임Sub-Prime 대출이라고 한다. 이 모든 게 좋으면 우수 등급Prime 대출이다.

은행들은 MBS를 발행하면서 서브 프라임과 프라임 대출을 섞어서 팔았다. 환율, 원자재, 주가 지수까지 포함된 파생 상품도 발행했다. 너무 많은 금융 상품이 쏟아져 나왔다. 위험성이 컸지만 그 상품을 만든 이 외에는 그 누구도 정확하게 이 구조를 이해하지 못했다. 상품을 판매하는 은행 직원들도 손익 구조와 위험성을 알지 못했다. 이러니 파국은 예정된 일이었다.

인간의 탐욕이 바벨탑의 저주를 가져왔다. 잘못된 믿음은 파국으로 이어진다. 당시가 그랬다. "집값은 항상 오른다. 절대 떨어지지 않는다!" 이런 믿음이 팽배했다. 누가 봐도 이해되지 않는 비합리적 현상이지만, 현실에서 버젓이 일어나고 있었다.

결국 부실 등급 대출의 원리금을 갚지 못한 서민들이 속출하면서 속으로 곪던 미국 경제가 터져 버렸다. IT 버블처럼 한꺼번에 무너졌으며 파급 효과는 더 컸다. 미국 투자자만 쪽박을 찬 게 아니었다. MBS 기반의 파생상품에 투자한 유럽의 대형 금융 회사들도 직격탄을 맞아 휘청거렸다. 이때 네덜란드의 ING 그룹이 파산 위기에 몰리자, 알짜배기로 엄청난 이익률을 자랑하던 ING생명 한국법인을 한국의 최대 사모펀드인 MBK파트너스에 매각할 정도였다.

당시 한국의 은행들은 이런 파생 상품 구조가 너무 복잡해서 섣불리 투자를 하지 않았다. 이해를 못한 게 오히려 다행이라고 해야 할까? 한국은 금융 위기를 피해갈 수 있었다. 하지만 그것도 잠시였다. 미국에서 시작된 금융 위기가 유럽으로 확산되고, 금융 위기가 실물경제의 위기로 번지면서 결국 글로벌 경제 위기로 커져 버렸다. 한국도 피해갈 수 없었다. 한국은 수출이 전체 GDP에서 차지하는 비중이 40%를 넘는다. 그러니 미국과 유럽의 실물경제가 위기를 맞으면 고스란히 그 후폭풍을 맞을 수밖에 없다.

| 달라진 정부, 막대한 자금 투하

경제 위기가 터지면 일반적으로 정부와 중앙은행은 먼저 금리를 낮춘다. 시중에 자금을 풀어 소비를 늘리겠다는 의도에서다. 어느 나라든 정부와 중앙은행은 대체로 협력하는 사이다. 정부가 정책을 만들면 중앙은행이 돈을 푸는 식이다. 물론 매번 그렇지는 않다. 정부가 금리 인하를 요구해도 중앙은행이 반대할 수도 있다.

미국의 예를 들어보자. 일단 그 전에 미국 중앙은행의 명칭을 정리할 필요가 있다. 미국에는 한국은행과 같은 중앙은행이 없다. 이 역할을 하는 제도가 연방준비제도Fed다. 줄여서 연준이라고 부르는데, 정부 기관이 아닌 민간 기구다. 미국 대통령이 7명의 이사를 임명하면 상원이 인준한다. 이 7명의 이사로 연방준비제도이사회FRB가 꾸려진다. 이 FRB가 실제 통화 정책을 결정한다. 따라서 'FRB=미국 중앙은행'으로 이해해도 무방하다. 앞으로는 미국 중앙은행을 FRB라고 표기하도록 하겠다.

FRB는 2010년부터 경기 부양을 위해 양적완화Quantitative Easing 정책을 추진하며 엄청난 양의 돈을 풀었다. 시중에 돈이 넘쳐나니 주식과 부동산 시장이 과열됐다. FRB는 다시 돈을 걷어 들이기로 하고, 2016년 6월 0.5%였던 기준 금리를 2018년 말 2.5%까지 단계적으로 인상했다. 당시 FRB 의장은 재닛 옐런으로, 바이든 정부에서 최초의 여성 재무부 장관으로 임명된 인물이다.

2016년 당선된 트럼프 대통령은 경제 회복과 미국 우선주의 America First를 내세웠다. 그러니 FRB의 금리 인상 정책에 거세게 반발했다. 하지만 옐런은 꿋꿋하게 밀어붙였다. 결국 옐런은 2018년 2월 FRB 의장 연임에 실패했다. 사실상 트럼프 전 대통령이 '해고' 했다고 보는 시각이 일반적이다.

2008년 금융 위기 때도 미국 정부는 경제 위기를 극복하기 위해 대규모로 국가 예산을 투입했다. 자산 정리 프로그램TARP, Troubled Asset Relief Program에 7,000억 달러, 경제 회복 및 재투자ARRA, American Recovery and Reinvestment Act에 7,870억 달러를 쏟아부었다.

겉으로는 정부가 적극 나선 것처럼 보인다. 하지만 엄밀하게 말하면 금융 위기의 해결사는 정부가 아니라 중앙은행이었다. 원래 미국 정부의 핵심 역할은 중앙은행의 정책을 강력하게 뒷받침하며 실물경제, 특히 실업률을 낮추는 것이다. 자율적 시장경제를 중시한다는 이유에서였다. 정부는 시장 기능이 붕괴돼 제대로 작동하지 않을 때만 개입한다는 원칙이 있었다.

그랬던 미국 정부가 코로나 경제 위기 때는 확실히 달라졌다. 과거와 달리 전면에 나서고, 중앙은행은 보조 역할을 맡았다. 사실 미국에서도 공화당과 민주당의 정치적 반목과 갈등은 심하다. 중요 법안이 여야 합의에 도달하지 못해 무산되기 일쑤다. 하지만 코로나 사태가 터지자 양당이 힘을 합쳤다. 1929년 미국을 강타한 대공황 이후 최대 경제 위기가 왔다는 공감대가 생겼기 때문이다. 신속한 대처를 촉구하는 정계 요구도 커졌고, 실제 정부의 움직임도 빨랐다.

정부와 시장의 강력한 요구에 따라 FRB가 가장 먼저 등

판했다. 2020년 3월 17일 기준 금리를 기존 1.00~1.25%에서 0.00~0.25%로 1% 포인트 내렸다. 통상적으로 금리를 인상하거나 인하할 때는 0.25% 포인트 단위로 이뤄진다. 그런데 무려 1% 포인트를 한꺼번에 내렸다! 그만큼 급했다는 방증이다. 이어 FRB는 무너지는 금융 시장을 떠받치기 위해 7,000억 달러 규모의 국채와 MBS(주택담보증권)를 매입하겠다고 발표했다.

이어 공화당과 민주당은 이례적으로 신속하게 경기 부양 법안에 합의했다. 트럼프 대통령은 3월 27일 미국 역사상 가장 규모가 큰 CARESThe Coronavirus Aid, Relief, and Economic Security 법안에 서명했다.

CARES 법안은 미국 GDP(2019년 기준 약 21조 5,000억 달러)의 10%에 육박하는 무려 2조 3,000억 달러를 투입하는 게 골자다. 지원액은 미국 역사상 최대 규모였다. 가정과 대기업, 중소기업, 병원, 주州 정부 등 모든 분야를 지원하겠다는 의도가 담겨 있는데, 실제로 전

코로나 사태 직후 미국 정부와 중앙은행의 지원 내용

연방 정부의 주요 경기 부양 정책	개별 가정에 직접 7,000억 달러 지원 (연간 소득 기준 외벌이 7.5만 달러, 맞벌이 15만 달러 미만의 국민 대상, 성인은 1인당 1,200달러, 자녀는 1인당 500달러 지급)
	중소기업 임금 지급 프로그램(PPP)에 7,600억 달러 지원
	기타 기업 세금 감면과 항공사, 병원 등에 4,200억 달러 지원
	주와 시 정부의 코로나 환자 진단 및 치료비로 2,600억 달러 지원
중앙은행의 금융 시장 안정 대책	중소기업에 6,000억 달러 대출
	주와 시 정부 채권 5,000억 달러 매입
	ABS(자산담보부 증권) 1,000억 달러 매입
	회사채 7,500억 달러 매입

방위로 현금을 살포했다.

| 뼈아픈 반성에 따른 정부 변화

2008년 경제 위기 때와 비교하면 코로나 경제 위기에 대응하는 미국 정부의 태도는 훨씬 적극적이다. 미국 정부가 이렇게 적극 나선 것은 아마도 코로나 사태가 전쟁에 준하는 위기라고 판단했기 때문일 것이다. 하지만 또 다른 이유도 있다. 2008년 경제 위기 과정에서 얻은 교훈이 컸다.

첫째, 과거에는 중앙은행이 금리를 낮추고 각종 채권을 매입하며 시중 은행에 자금을 공급하고, 시중 은행은 이 자금을 개인과 기업에 대출해 줬다. 그런데 이런 시스템이 더 이상 효과적이지 않다는 사실을 정부가 깨달았던 것이다.

씨티그룹, JP모건, 웰스 파고 등 미국의 시중 은행은 2008년 금융 위기 이후 최고의 이익을 거두며 안정적으로 성장했다. 그러니 코로나 사태 이후 위험성이 높은 기업과 개인 대출을 늘릴 이유가 전혀 없다. 게다가 시중 은행은 민간 기업이기 때문에, 거시적 경제 위기 극복에 있어 선봉에 설 이유도 없다. 오히려 다가올 경제 위기에 대비해 현금을 확충하며 최대한 보수적으로 대응하는 것이 최선책이다.

이렇게 되면 현금이 필요한 가계와 기업에 실탄을 공급하는 역할을 중앙은행과 시중 은행에 맡길 수 없다. 정부가 재정을 통해 직접 지원하는 것 이외에는 방법이 없다. 다만, 정부가 부족한 재원을 마련하기 위해 국채를 발행할 때 중앙은행의 협조는 필요했다. 시중 은행과 투자자들이 시장에 쏟아진 국채를 모두 매입하지 못하니, 남는 물량을 중앙은행이 적극 매입하며 정부 정책을 지원한 것이다.

둘째, 도덕적 해이Moral Hazard 이슈에 대응하기 위해서였다. 2008년 위기 당시 정부와 중앙은행은 파산 직전에 이른 월가 은행들에 약 7,000억 달러의 공적 자금을 투입했다. 그 결과 은행들은 살아날 수 있었지만, 이런 정책이 일반 국민의 재기에는 별 도움이 되지 못했다. 오히려 은행들은 모기지 대출 원리금이 연체된 주택을 대거 처분하기 시작했다.

그 결과 수많은 미국 중산층, 서민들이 집을 잃고 길거리로 쫓겨났다. 2007~2010년 4년 동안 전체 주택의 무려 20%에 육박하는 890만 가구가 경매 처분에 들어갔다. 매물이 쏟아졌으니 주택 가격은 심각한 수준까지 떨어졌다. 경기 침체, 실업률 증가, 사회 불안정의 부작용이 겹쳐 나타났다. 분노한 미국인들이 "월가를 점령하라Occupy Wall Street!"며 시위에 나섰다. 그 시위는 나중에 전 세계로 확산됐다.

당시에 수많은 월가 직원들이 해고됐다. 하루아침에 일자리를 잃은 것인데, 실체는 조금 달랐다. 이미 그들은 오랜 기간 고액 연봉을 받아 왔다. 게다가 충분한 보상이 적혀 있는 근로 계약서를 가지고 있었다. 그들은 해고되면서도 이 계약서에 따라 수백만 달러의 보너스를 모두 받았다. 소송 제도가 잘 발달된 미국에서 은행들은 적자로 파산해도, 근로 계약서에 보장된 보너스를 지급할 수밖에 없다.

이 사실이 알려지면서 미국 중산층이 느낀 배신감은 이루 말할 수 없었다. 국민 세금으로 은행을 살려 냈더니, 은행이 국민들을 희생양으로 삼고, 자신들은 수백만 달러의 보너스를 챙겼다는 정치적 비판이 제기됐다. 법적으로는 월가의 주장이 맞지만, 국민 정서는 이를 받아들이기 어려웠다. 이 이슈는 당시 버락 오바마 대통령을 매우 곤혹스럽게 만들었다.

┃ 한국 정부는 적절히 대처했을까

코로나 사태에 직면한 한국 정부도 위기를 극복하기 위해 여러 정책을 제시했다. 미국 정부가 외벌이 기준으로 연간 수입이 7만 5,000달러(약 8,250만 원) 미만인 가구를 대상으로 1인당 1,200달러(약 132만 원)를 지급했던 것처럼, 한국 정부도 긴급 재난 지원금을 지급했다.

한국이 미국과 다른 점은, 1차 재난 지원금의 경우 전 국민에게 지급했다는 것이다. 1인 가구 40만 원, 2인 가구 60만 원, 3인 가구 80만 원, 4인 이상 가구에는 100만 원을 줬다. 한국보다 훨씬 지원금 규모가 컸던 미국도 연간 소득 7만 5,000달러 미만을 대상자로 정했는데, 한국에서는 전 국민에게 준 것이다. 물론 금액만 놓고 보면 한국이 작다. 하지만 두 나라의 경제 규모가 같지 않기에 금액만으로 판단하는 것은 맞지 않다.

한국에서는 2020년 4월 총선을 앞두고 긴급 재난 지원금이 지급됐다는 점도 미국과 다르다. 선거를 눈앞에 두고 있으니 재정 건전성을 강조했던 야당도 동의했다. 그러니 선거를 앞둔 포퓰리즘 정책이란 비판이 나오는 것도 어쩌면 당연한 일이다. 정부와 여당은 "고소득층은 재난 지원금을 받지 않고 기부하자."라는 아이디어를 냈다. 하지만 인간의 기본 속성인 이기심을 너무도 무시한 탁상공론이었다. 공짜라면 양잿물도 마신다는 속담이 괜히 나왔겠는가? 기부금으로 돌아온 재난 지원금은 거의 없었다.

이런 식의 지원은 경제 위기 극복에 별 도움이 되지 않는다는 전문가들의 비판은 충분히 일리가 있다. 경제 위기 상황에서 정부가 왜 긴급 지원금을 살포하겠는가? 움츠러든 소비를 살려서 제품과 서비스 생산을 늘리기 위해서다. 바로 이 목적이 충족되지 않았던 것이다.

중산층 이하 저소득층에게 지원금을 100만 원 지급하면 소비 진작 효과는 분명히 있다. 이들은 경제 위기로 소득이 줄었기 때문에 100만 원을 식료품, 의료비, 교통비 등으로 지출하게 된다. 여러 곳에 두루 쓰이기 때문에 소비 진작 효과가 나타나는 것이다. 고소득층과 고액 자산가들도 그럴까? 아니다. 월 생활비가 400만 원, 혹은 500만 원을 넘는 사람에게 지원금 100만 원을 준다고 해서 소비가 500만 원이나 600만 원으로 늘어나지는 않는다. 이미 그들은 충분하게 소비를 하고 있기 때문에 100만 원에 해당하는 추가 소비가 일어나지 않는다는 이야기다. 이 경우 고소득층에게 지급된 100만 원은 저축 또는 투자에 사용되며, 소비 진작에 별 도움이 되지 않는다.

2

쓰러지는 기업,
잃어버린 삶

코로나 사태가 세계에 미친 영향은 아주 크다. 정치, 경제, 사회, 문화 등 모든 분야에서 과거의 모습이 빠른 속도로 사라지고 있다. 그 영향은 우리 일상 깊숙한 곳까지 침투했다. 아이들의 귀여운 그림 속 인물 모두가 마스크를 쓴 걸 보고는 괜히 짠해졌다. 이 사태가 종식되면 원래의 생활로 돌아갈 수 있을까? 아마 불가능할 것이다. 이미 우리를 비롯해 전 세계인이 '돌아올 수 없는 강'을 건너고 있다.

100년 이상의 역사와 전통을 자랑하던 수많은 기업들이 파산했다. 문제는, 여태까지의 상황이 최악이 아니라는 데 있다. 앞으로 더 많은 기업들이 쓰러질 것으로 보인다. 하지만 부정적인 측면만 있는 것은 아니다. 위기는 때론 기회가 된다. 기업 환경이나 업무 환경이 혁신의 길로 접어들었다. 과거에는 사회의 전통 관념과 기득권 세력의 저항에 부딪쳐 실행할 수 없었던 일들이 모두 현실이 되고 있다. 여러 변화 중에 우선 당장 쓰라린 것부터 살펴보자.

| 좀비Zombie 기업이 급증한다

전 세계 거의 모든 정부가 코로나 사태를 극복하기 위해 지원금을 풀었다. 이 돈이 시중에 풀리면서 당장은 숨통이 트인 것 같지만 속사정은 복잡하다. 이 모든 돈이 결국에는 '나의 부채'가 되기 때문이다. 정부, 기업, 가계 모두 부채가 늘어나고 있으니 결국 부채 총액은 급증하고 있다.

일반적으로 부채 위험도는 국내총생산GDP 대비 빚이 몇 퍼센트가 되는지에 따라 평가한다. 국제금융협회IIF의 2020년 11월 리포트에서는 2020년 말에 전 세계 평균 부채가 GDP의 365%까지 급증할 것으로 예측됐다.

흥미로운 점은, 미국과 신흥국emerging markets의 부채 비율 사이에 격차가 크다는 사실이다. 2020년 말을 기준으로 신흥국의 부채 비율은 250% 정도인 반면 미국을 비롯한 선진국은 430%로 폭등했다. 선진국 정부가 지원금을 많이 풀었기 때문이다.

정부 지원금으로 기사회생한 기업들도 꽤 많다. 하지만 그렇지 못한 기업들이 더 많다. 그런 기업들은 모두 좀비Zombie 기업이 된다. 코로나 사태 이후 기업 환경에서 특히 걱정되는 대목이 이 지점이다. 좀비 기업이 급증하는 것이다.

좀비 기업은 이자 보상 배율이 1이 되지 않는 기업을 말한다. 연간 영업 이익이 이자 비용을 감당하지 못하는 상태가 지속되고 있다는 뜻이다. 예를 들어 1년에 영업 이익으로 100억 원을 버는데, 대출과 회사채 등 이자 비용으로 100억 원이 지출됐다고 하자. 이런 기업이 정상 기업일까? 아니다. 이런 기업이라면 주주에게 돈을 받는 증자를 하든지, 자산을 팔아서 부채를 갚든지 해야 한다. 둘 다 어렵다면? 미래를 장담하기 어렵다. 그러니 겉으로는 살아있는 것처럼 보이지만 실제론 죽은 것과 마찬가지인 '좀비'라 부르는 것이다.

코로나 사태 이후 많은 기업이 매출이 급격히 떨어지면서 정상적인 경영이 어려워졌다. 하지만 정부 지원금을 받아 겉으로는 정상적으로 유지되는 것처럼 보인다. 그러다가 결국에는 무너지고 만다. 특히 호텔, 관광, 여행, 식당, 소매 등의 분야가 집중 타격을 받았는데, 그 파장이 만만찮다. 이 분야에서의 부도가 다른 분야로 확산하기 때문이다. 게다가 코로나 사태 이전부터 부채가 과도하게 많았거나 하청업체 혹은 납품업체에 대금을 지불하지 못할 정도로 자금 사정이 좋지 않았던 기업들도 있었다. 이런 기업의 경우 부실한 재무 구조에 매출 급감까지 겹친 바람에 버티기가 무척 힘든 상황이다.

미국 블룸버그 통신에 따르면, 미국 상장 기업 3,000개의 재무 상태를 살펴본 결과 항공사와 석유 기업을 포함해 약 200개 기업이 코로나 사태 이후 좀비 기업에 새로 포함됐다. 기존의 좀비 기업을

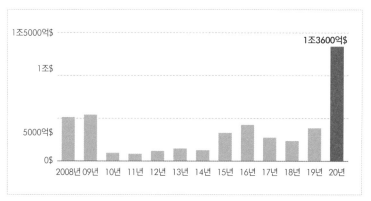

미국 좀비 기업의 부채 규모 추이

자료 : 블룸버그

2019년까지만 해도 미국 좀비 기업의 부채 총액은 5,000억 달러에도 이르지 못했다. 그러던 것이 2020년 1조 3,600억 달러로 껑충 뛰었다.

모두 합치면 전체 상장 기업의 약 20%에 이른다. 이 좀비 기업들이 한꺼번에 무너진다면 그 파장은 실로 엄청날 수밖에 없다.

　　한국도 상황은 다르지 않다. 한국은행의 '2020년 상반기 금융 안정 보고서'에 따르면 코로나 사태로 인해 2020년 외부 감사 기업 2만 693개 가운데 이자 보상 배율 1배 미만인 기업 비중이 47.7%로 추산된다. 이 시나리오는 코로나 사태가 2020년 2분기(4~6월)에 정점을 찍고 이후 점차 안정된다는 가정에 근거한 것이다. 실제로는 사태가 더 악화했기에 2020년 하반기에는 좀비 기업의 비중이 더 높아졌을 가능성이 있다. 한국의 경제 전문가들 중 일부는 한국에서도 2021년부터 좀비 기업이 경제 이슈가 될 가능성이 크다고 전망하고 있다.

좀비 기업의 근원지인 미국으로 돌아가자. 도대체 왜 좀비 기업이 이토록 늘어나는 것일까?

무엇보다 정부가 대량 실업과 경기 침체를 우려해, 심각한 문제가 있는 기업이 아니면 파산을 인위적으로 막아 주고 있기 때문이다. 한국도 이 점에서는 크게 다르지 않다. 2020년 3월 중소기업및 중소 상공인 대출금 약 77조 원에 대해 1년 동안 원리금 상환을미뤄줬다. 2021년 3월이 되면 중소기업 및 자영업자의 대출 상환능력이 회복돼 다시 정상적으로 원리금을 갚을 수 있을까? 코로나위기 상황이 크게 개선되지 않았기에 그러지 않을 가능성이 높다. 정부는 원리금 상환 조치 연장으로 가닥을 잡고 있다. 수치상으로는 중소기업 및 자영업자의 연체율이 낮아지고 있지만, 속으로는더 곪아가고 있다.

안타깝지만 냉정한 것이 시장 시스템이다. 한계 기업이 죽지않고 좀비처럼 살아있으면 시장의 자원 배분이 왜곡된다. 한계 기업은 연명하기 위해 과도하게 판매 가격을 낮춘다. 이익보다는 매출을 높여서 현금이 돌아가도록 만들어야 하기 때문이다. 소비자가 당장은 혜택을 받을지 모르지만 결국에는 건전하게 경쟁하는기업들까지 자금 압박을 받으며 위험해질 수 있다. 또한 건전하고혁신적인 기업에 흘러 들어가야 할 자금이 좀비 기업으로 흘러가자금 흐름이 왜곡된다. 이는 경제 회복을 더디게 만든다.

2000년대 초반 IT 버블의 붕괴, 2008년 글로벌 금융 위기 당시

기업 상황을 떠올릴 필요가 있다. 그때도 안타깝지만 한계 상황에 몰린 기업들은 자연스럽게 시장에서 정리됐다. 이러한 구조 조정을 겪고 난 후에야 기업의 옥석이 가려졌고, 건강한 기업들에게 자원이 배분됐다. 좀비 기업이 많이 존재하는 이상, 자연스럽게 돌아가야 할 이 경제 사이클이 지연될 수밖에 없다.

확실한 사실 하나. 한계 기업 정리는 언젠가 이뤄질 수밖에 없다. 대출 원리금을 갚지 못하는 기업들에게 상환을 무기한 연장해 줄 수는 없기 때문이다. 그러니 언젠가는 갚지 못하는 날이 오고, 그때 기업은 파산할 것이다. 그때까지 기다릴 것인가, 선제적으로 구조 조정을 할 것인가. 그 결정에 따라 우리 경제의 체질 개선 시기도 달라질 것이다.

| 부실기업이 무너진다

2020년 5월 23일, 100년이 넘는 역사를 자랑하던 렌터카 회사 허츠Hertz가 미국 델라웨어 파산 법원에 파산 보호와 함께 '챕터 11Chapter 11'을 신청했다. 채권자들과 부채 상환 계획 조정에 합의하지 못해서다. 한국으로 치면 법정 관리에 들어간 것이다. 허츠는 법원 관리하에 부채 탕감, 출자 전환, 이자 감면, 만기 연장 등 채무 조정 계획을 만들어 채권자들과의 합의를 이끌어 내야 한다. 끝내 합의에 이르지 못하면 갖고 있는 자산을 모두 팔아서 부채를 갚는 청산 절차에 들어간다. 이렇게 되면 채무 변제 순위가 뒤로 밀리는 채권자는 돈을 모두 떼이는 상황이 벌어진다.

허츠는 미국과 유럽, 아시아 등 150개국에서 3만 개의 지점을 운영하는 글로벌 기업이었다. 그런 대형 기업조차 코로나 사태를 겪으며 처참하게 무너졌다. 코로나 사태가 터지자 3월에 1만 2,000명의 직원을 해고했다. 얼마 후에는 이것도 모자라 추가로 4,000명을 무급 휴직시켰다. 이렇게 해서 전 직원의 25%를 줄였으나 역부족이었다.

허츠가 코로나 사태 때문에 망한 게 아니라고 분석하는 이들도 있다. 그것보다는 본연의 렌터카 사업에서 벗어나 리스크가 더 큰 자동차 리스 사업에 열중하면서 부채가 과도하게 늘어난 게 파산의 이유라는 것이다. 하지만 종합적으로 보면 코로나 사태의 충격파가 더 컸다는 쪽이 옳은 듯하다.

2020년 3월 말 기준으로 허츠의 부채는 187억 달러였다. 반면 사용할 수 있는 현금은 10억 달러에 불과했다. 과거에는 부채가 많아도 렌터카와 리스 사업을 통해 현금이 원활하게 돌아갔었다. 코로나 사태 이후 전 세계적으로 여행 수요가 급감하며 자동차 렌트 수요가 급격히 줄어드는 바람에 현금이 막힌 것이다.

기업이라면 당연히 이익을 내는 게 가장 중요하다. 하지만 현금이 잘 돌아가 정해진 날짜에 이자를 갚는 것 또한 매우 중요하다. '흑자 부도'라는 말이 괜히 생긴 게 아니다. 기업이 장부상으로는 흑자를 내는데도 불구하고, 일시적으로 현금 흐름이 막혀서 대출과 회사채 만기가 돌아왔을 때 만기 연장에 실패하면 부도가 날 수밖에 없다. 그래서 영업 활동을 통해 얼마만큼의 현금을 만들어낼 수 있는지가 기업 가치 평가에서 상당히 중요한 기준이 된다.

미국 정부와 중앙은행은 코로나 직격탄을 받은 기업의 부도를 열심히 막고 있다. 대형 항공사와 보잉을 비롯한 항공기 제조사를 살리기 위해 막대한 보조금을 지급한다. 이들 업종은 고용 인원이 너무 많아 파산할 경우 경제 전반에 미치는 영향이 매우 크기 때문이다. 과거 한국에서 "재벌 기업은 경제 전반에 미치는 영향이 크기 때문에 정부가 무슨 수를 써도 살려준다."라는 말이 있었다. 이른바 대마불사大馬不死, Too big to fail인데, 이 논리가 미국에서도 똑같이 작동하는 것이다.

하지만 모든 기업들을 이처럼 살릴 수는 없다. 특히 허츠처럼 근원적인 약점을 안고 있는 기업은 부도를 피해갈 방법이 없다. 나머지 중소 규모 업종도 마찬가지다. 결국 품질과 원가 경쟁력이 낮거나 허츠처럼 부채가 과도하게 많은 기업은 쓰러질 수밖에 없다.

한국도 상황이 다르지는 않다. 2020년 한국에서는 아시아나항공과 쌍용자동차가 도마 위에 올랐다.

아시아나 항공은 코로나 사태가 터지기 직전에 인수 계약이 체결됐던 현대산업개발 컨소시엄과의 협상이 무산되면서 대한항공에 인수됐다. 주채권은행(일반적으로 대출금이 가장 많은 은행)인 산업은행은 여러 가지 무리수를 두면서 대한항공의 인수 작업을 성사시켰다. 정치적 논란과 역사적 배경에 대한 언급은 일단 생략하자. 객관적으로만 보면 코로나 사태에도 불구하고 대한한공은 화물 운송에 주력하며 영업 흑자를 냈지만 아시아나항공은 그렇지 못했다. 누가 뭐라고 해도 이는 경쟁력의 차이에서 비롯된 결과다.

쌍용자동차는 앞날이 더욱 불투명하다. 대주주인 인도 마힌드라 그룹이 더 이상의 자금 지원은 어렵다며 손을 든 상태이고, 주채권은행인 산업은행은 뾰족한 해법을 찾지 못하고 있다. 쌍용차는 티볼리를 비롯한 일부 차종이 인기를 얻었으나, 경쟁력 강화를 위한 연구개발R&D 투자와 신규 모델 개발, 전기자동차를 비롯한 친親 환경 차량 개발 등에서 성과를 별로 내지 못했다.

2020년은 바이러스에 화들짝 놀란 각국 정부가 아주 문제가 많은 기업이 아닌 이상, 옥석을 가리지 않고 살려줬다. 2021년부터는 그럴 형편이 못 된다. 코로나 백신이 보급되어 바이러스가 어느 정도 진정된 이후에도 정부 지원금에 기댈 수밖에 없는 기업은 하나둘씩 문을 닫을 것이다.

이렇게 부실기업들이 느린 속도로 정리되는 과정에서 살아남은 승자는 시장을 독점하게 된다. 실제로 2008년 글로벌 금융 위기가 터지자 연비가 너무도 낮은 대형차에 주력했던 미국의 자동차 빅3(GM, 포드, 크라이슬러)가 부도 위기에 몰렸다가 정부 지원금과 혹독한 구조조정을 통해 간신히 살아났다. 이 과정에서 최대 수혜자는 원가 경쟁력과 풍부한 현금을 보유했던 현대자동차 그룹이었고, 글로벌 시장의 점유율을 획기적으로 높이는 계기가 됐다.

| 기업의 실력 격차 훤히 보이고 민낯이 드러난다

진정으로 강한 기업은 위기 상황에서 빛을 발한다는 말이 있다. 이 말은 진실에 가깝다. 경제가 안정적으로 성장하는 평상시에는 한 업종에서 경쟁력이 강한 기업과 그렇지 않은 기업의 차이가 크게 눈에 띄지 않는다. 하지만 위기 상황이 되면, 경쟁력이 약한 기업은 금방 실체가 드러나며 휘청거린다.

코로나 사태 이후의 기업들 풍경이 딱 이와 같다. 특히 기존의 시장 점유율에 안주하며 디지털 전환 작업을 게을리했던 기업들은 치명타를 맞았다. 소비자 대면 접촉이 많았던 항공과 백화점을 비롯한 소매점, 식당, 관광, 여행 업종이 여기에 속한다. 부가가치가 낮은 제품을 생산하는 제조기업의 타격도 컸다. 위기 상황에서는 소비자들이 반드시 필요한 것만 소비하고, 효용 가치가 낮은 제품은 사지 않기 때문이다.

반면 위기 상황을 효과적으로 극복하며 기적처럼 재기에 성공한 기업도 있다. 대표적인 기업이 에어비앤비다. 에어비앤비는 코로나 사태로 글로벌 여행 수요가 급격히 감소하자 숙박 예약이 1년 전보다 80% 이상 줄었다. 미국과 중국, 유럽 대도시의 예약률이 곤두박질치며 현금이 말라갔다. 회사는 눈물을 머금고 전체 직원의 25%에 해당하는 1,900명의 직원을 해고했고, 기업 상장IPO 일정도 무기한 연기했다. 이러다가 원조 공유 기업이 바이러스로 문을 닫는 것 아니냐는 걱정이 나왔다.

에어비앤비는 뼈를 깎는 구조 조정에 돌입했다. 인원 정리와 함께, 현금이 많이 들지만 코로나 이후 여행객 수요가 낮을 것으로 예상되는 호텔 분야와 고급 숙박 서비스를 대폭 축소했다. 단지 성장성을 믿고 무작정 뛰어들었던 사업을 정리하며 여행 예약 사업에 집중했다. 또한 2020년 마케팅 비용을 절반으로 축소하며 꼭 필요한 분야가 아니면 최대한 현금 지출을 억제했다.

에어비앤비는 사업 측면에서도 발상의 전환을 시도했다. 국경을 넘어서 이동하는 글로벌 여행 수요가 사라졌으니 국내 여행 수요에 집중했다. 바이러스 전파 걱정 때문에, 사람들이 집을 공유하기보다는 단독으로 사용하고 싶은 수요가 증가함에 주목해, 단독 주택의 장기 렌트 서비스에 주력했다. 그 결과 에어비앤비는 2020년 3분기(7~9월)에 흑자 전환에 성공했고, 그해 12월 미국 나스닥 시장에 성공적으로 상장했다. 반면 하얏트, 힐튼, 메리어트 등 전통적인 호텔 업계는 여전히 코로나의 암울한 터널에서 벗어나지 못하고 있다.

한국도 마찬가지다. 코로나 사태가 터지면서, e-커머스 비중을 높인 기업과 그렇지 못한 기업의 차이는 확연하게 드러났다. 과거처럼 오프라인 매장에 의존하던 관성을 버리지 못한 기업은 쇠퇴했다. 현상 유지 또는 약간의 성장에 안주했던 기업들은 속절없이 무너질 위기에 처했다.

앞으로는 부채가 많은 기업과 적은 기업의 차이도 극명하게 드러날 것이다. 이자가 없는 투자금을 많이 확보했거나 평소 이익금을 많이 쌓아놓은 기업과, 꼬박꼬박 이자를 내야 하는 부채에 의

존해 온 기업은 위기 상황에서 명암이 엇갈린다.

경제 위기가 닥치면 은행을 비롯한 금융 회사들은 리스크 관리에 착수한다. 부채 의존도가 높은 기업에 대해 대출금을 회수하려는 움직임을 보인다. 금융 회사 자신들이 살아야 하기에 더 이상 정부의 압박은 통하지 않는다. 시중 은행들은 추가 대출은 아예 허용하지 않을 뿐 아니라 기존 대출의 만기도 연장해주지 않는다. 그러면 기업들은 갖고 있는 자산을 팔아서 빚을 갚아야 한다. 눈물을 머금고 오랫동안 키워온 알짜배기 계열사를 싸게 팔기도 한다. 투자자 입장에서는 좋은 기업과 알짜배기 자산을 싸게 살 수 있는 기회가 생기는 것이지만 기업으로서는 곡소리가 나는 상황이다.

무너지는 기업이 많아지면 일자리가 불안해지고, 최종적으로는 개인의 삶이 무너진다. 처음에는 3~6개월 무급 휴직을 신청하지만, 그 이후에는 어쩔 수 없이 정리해고를 당하고, 정부가 지급하는 실업 급여에 의존하게 된다. 특수 직종에 근무해 다른 업종에서 일자리를 구하기 어려운 개인들이 더 어려워진다. 코로나 이전 상당한 대우를 받았던 항공사 기장과 부기장이 택배 기사로 일하는 장면은 아주 흔하게 볼 수 있다. 이들이 언제 다시 일자리로 복귀할지는 알 수 없다.

3

위기는
또 다른 기회!

코로나 사태는 기업들에게 '양날의 칼'로 작용했다. 최악의 위기 상황이긴 하지만 과거의 안일했던 관행을 버리고 새로운 변화를 받아들이는 계기로도 작용했다. 사실 이런 변화는 코로나 사태로 비롯된 위기를 타개하려는 몸부림의 결과물이다. 비용을 줄이고 업무 효율성을 높여보려는 기업들의 고육지책이 새로운 흐름을 만들어낸 것이다. 이 변화는 미국을 시작으로 전 세계로 확산하고 있다.

이런 변화는 대인 접촉을 줄이는, 이른바 '언택트Untact' 기업들로부터 시작됐다. 특히 주목할 곳이 미국 실리콘 밸리다. 실리콘 밸리에는 애플, 페이스북, 구글과 같은 글로벌 IT 기업들이 많이 들어서 있다. 스타트업과 벤처 캐피탈도 꽤 많다. 이 때문에 전 세계의 투자자들이 가장 주목하는 곳이기도 하다. 기업 입지가 좋다 보니 살인적 물가로 악명이 높은 곳이기도 하다. 바로 이 실리콘 밸리에서 첫 변화가 나타났다.

| 코로나 사태가 바꾼 근무 환경

실리콘 밸리의 기업 대다수가 재택근무work from home를 도입했다. 사실 그 전에도 일부 기업이 실험적으로 이 제도를 도입한 바 있다. 그러던 것이 코로나 사태 이후에는 거의 모든 기업으로 확산했다. 재택근무는 직원들의 근무 환경만 바꾼 게 아니다. 경영진에게도 비용 절감의 큰 기회가 됐다. 어째서?

실리콘 밸리의 경영자들은 우수한 인재를 유치하기 위해 투자를 아끼지 않는다. 그들의 근로 계약서에는 월세 보조금 항목도 있다. 이미 말한 대로 실리콘 밸리는 살인적 물가로 악명이 높다. 월세도 상상을 초월한다. 주거 환경이 약간 괜찮다 싶은 지역이면 10평 남짓한 스튜디오의 월세가 3,000달러를 훌쩍 넘는다. 스튜디오는 한국의 원룸과 비슷한 주거 형태다. 그런 원룸의 월세가 330만 원을 넘는다니, 재정적 여유가 없는 젊은 층에게는 큰 부담이 될 수밖에 없다.

실리콘 밸리에서 상위권의 미국 공대를 졸업한 엔지니어와 개발자는 인기가 높다. 이런 스펙의 인재를 채용하려면 월세를 최소한 50% 이상, 많게는 100% 전부를 지원해야 한다. 10명만 채용한다 해도 회사로서는 매달 3만 달러, 그러니까 3,300만 원 내외의 비용을 지불해야 하는 셈이다.

재택근무가 확산하면서 이 월세 보조금 제도가 사실상 사라졌다. 게다가 수많은 직원이 임대료가 비싼 도심 한복판의 오피스 빌딩에 모여서 일을 할 필요가 없다는 공감대가 만들어졌다. 반드시 필요한 경우가 아니면 집에서 일하면 되니까! 자연스럽게 사무 공간 임대가 줄어들었다.

오피스를 비롯한 상업용 빌딩의 건물주가 애꿎은 피해자가 됐다. 기업의 임대 수요가 줄어들면서 건물주들은 호된 시련기를 맞았는데, 통계로도 입증된다. 월스트리트저널WSJ에 따르면 2020년 9월 말, 실리콘 밸리가 있는 샌프란시스코 지역 사무실 임대료는 3월 말보다 4% 하락했다. 샌프란시스코 지역 신규 사무실 임대 규모 또한 2020년 3분기(7~9월)에 70만 제곱피트(약 6만 5,000㎡)로, 2019년 3분기에 비해 81%가 떨어졌다. 문제는, 앞으로도 가격 하락 추세가 이어질 것이란 전망이 나오는 데 있다. 재택근무가 대세가 되면서 사무실 임대 사업은 지독한 '레드 오션'이 돼 버린 것 같다.

한국에서도 재택근무는 빠른 속도로 확산하고 있다. LG전자, SK텔레콤 등 대기업과 네이버, 카카오, 엔씨소프트 등 IT 기업이 이미 장기간의 재택근무를 도입했고, 다른 기업들도 속속 동참하고 있다. 최근 시행한 주 52시간 근무제가 재택근무 정착에 많이 기여했다.

한국 기업의 임원들은 대체로 불편한 것 같다. 회사 업무를 위해 필요하다면 야근과 주말 근무는 당연한 것 아니냐고 생각하는 임원들이 아직도 적지 않다. 다만 입 밖으로 그 말을 꺼내지 못할 뿐이다. 반면 직원들은 재택근무를 상당히 반긴다. 불필요한 회의와 '보고의, 보고를 위한' 문서 작성, 회식 등이 없어졌기 때문이다. 한 대기업의 차장은 내게 이렇게 말했다.

"아침에 출근해서 필요한 업무는 2~3시간이면 다 끝납니다. 나머지는 결론 없이 한없이 늘어지는 회의, 임원 보고 자료의 계속된 포맷 수정, 사내 메신저 채팅, 뭐, 이런 거죠. 그렇게 시간만 보내다 저녁 되면 퇴근합니다. 지겹죠."

한국 기업들도 실리콘 밸리의 글로벌 기업들처럼 재택근무를 비용 절감 수단으로 적극 활용할지는 아직 두고 봐야 한다. 아마 당연히 그쪽으로 갈 수밖에 없으리라 여겨진다. 다만 한국 내에서는 아직 반론도 많다는 사실을 염두에 둬야 한다. 여러 사람의 의견을 듣고 토론하면서 새로운 아이디어를 만들어 가는 창의적 업무에는 적절치 않다는 지적이나, 집에서 근무하면 업무 몰입도가 떨어진다는 의견도 잘 새겨들어야 할 것 같다.

근무일(주5일) 중에서 1, 2일만 출근해서 대면 미팅과 아이디어 회의에 집중하고 나머지 날에는 집에 머무는 방식의 유연 근무제도 많은 기업이 도입한 상태다. 젊은 인재일수록 이런 유연 근무제와 재택근무를 선호한다는 사실. 앞으로 경영자는 물론 사업을 하려는 예비 경영인도 잘 알아둬야 할 것 같다.

실제로 재택근무는 대세로 기울었고, 이런 흐름을 뒤집기는 이제 불가능해지고 있다. 구글, 페이스북, 아마존 등 이른바 '빅테크' 기업들이 재택근무 기간을 연장하고 있기 때문이다. 이와 관련해 소셜 미디어 기업인 트위터가 2020년 5월 밝힌 입장은 꽤나 의미심장하다. 내용을 요약하면 다음과 같다.

"우리는 코로나 사태 이후 처음으로 재택근무에 들어간 회사입니다. 하지만 다시 사무실로 돌아가는 최초의 회사가 되진 않을 것입니다. 직원들이 대부분 원격으로 일했던 지난 몇 달 동안, 이러한 방식이 작동할 수 있음을 증명했습니다. 본인이 희망하면 영원히 재택근무를 허용할 것입니다."

| 업무 처리 속도 빨라지고 인건비 줄었다

재택근무로 시작된 작은 변화는 업무의 전 영역으로 확산했다. 재택근무와 화상회의를 결합시킨 글로벌 IT 기업의 경우 '해가 떨어져도' 업무는 끝나지 않는다. 전 세계 어느 곳이든 일은 계속된다. 24시간 운영 체제나 다름없게 됐다. 그 결과 업무 프로세스 속도는 2배 가까이 빨라졌다.

실리콘 밸리의 IT 기업 사례를 다시 보자. 실리콘 밸리에 있는 엔지니어가 낮 시간대에 프로그래밍 작업을 한다. 저녁이 되면 작업한 데이터를 회사 클라우드Cloud에 저장한다. 미국에서는 밤이 찾아왔지만 인도의 실리콘 밸리 뱅갈루루에는 반대로 아침이 찾아온다. 이 회사 인도 뱅갈루루 지사의 엔지니어가 오전 업무를 시작한다. 그 엔지니어는 클라우드의 데이터를 꺼내 후속 작업을 한 후 클라우드에 다시 저장한다.

만으로 하루가 지났다. 미국의 엔지니어가 오전 업무를 시작하면서 클라우드를 살핀다. 데이터를 꺼내 추가로 작업을 진행한다. 회의가 필요하다 판단되면 인도에 아침이 밝아올 때까지 기다린다. 그 시간이 되면 줌, 구글, 마이크로소프트 등의 무료 화상 회의 소프트웨어를 이용해 인도 엔지니어, 두 나라의 스태프들이 함께 회의를 한다.

이른바 '글로벌 아웃소싱'인데, 사실 코로나 사태 이전에도 이런 모습은 존재했다. 다만 미미한 수준에 불과했다. 그러던 것이 코로나 사태 이후에는 대세로 자리 잡았다. 영상 회의는 한 기업 내부에서 이뤄지기도 하지만 점차 글로벌해지고 있다.

이 또한 재택근무로부터 비롯된 변화다. 글로벌 아웃소싱이 확산하면서 기업으로서는 해외 출장에 소요되는 비용을 크게 줄일 수 있게 됐다. 그뿐만 아니라 미국과 인도를 오가는 시간, 즉 해외 출장으로 지연되는 업무 프로세스도 획기적으로 단축시켰다. 비용과 시간 모두를 절약한 셈이다.

'재택근무 → 글로벌 아웃소싱'으로 기업 재무제표에 나타난 가장 큰 변화는 아무래도 인건비의 감소일 것이다. 상위권 미국 공과 대학 졸업생의 첫해 연봉은 대체로 8만~10만 달러에 이른다. 한화로 환산하면 9,000만 원에서 많게는 1억 원을 웃도는 고액 연봉이다. 더 놀라운 사실은 이게 가장 높은 수준이 아니란 점이다. 고급 인력에 대한 수요가 많지만 공급은 적은 사이버 보안cyber security

분야가 대표적인데, 초봉이 대략 13만~14만 달러다. 한화로 1억 5,000만 원 정도다. 대기업 임원 연봉에 해당하는 수준이니, 그저 놀라울 따름이다.

반면 미국 상위권 공대 졸업생과 업무 역량이 비슷하고 영어 능력도 뛰어난 인도 최우수 공대 졸업생의 초봉은 3만~4만 달러 정도다. 인도 출신이라고 해서 무시할 일은 아니다. 인도에서는 공대가 법대, 의대보다 인기가 높다. 인도 학생들은 공대를 졸업한 뒤 글로벌 IT 기업에 엔지니어나 프로그래머로 취업하는 걸 인생 목표로 삼고 있다. 최고 명문인 인도 공과대학IIT은 전국 상위 1% 이내의 학생들만 들어갈 수 있다.

이런 최고의 준비된 인재를 기존의 절반도 안 되는 임금만 지불하고 고용할 수 있다. 경영자 입장에서 생각해 보라. 재택근무가 보편화하고, 글로벌 영업이 필수적인 환경이니 굳이 실리콘 밸리의 고임금 인력을 고집할 필요가 있을까? 인도의 예만 들더라도, 공대가 무려 1,000여 개다. 이 공대에서 매년 35만 명의 졸업생을 배출한다. 미국 전체 공대 졸업생의 5배에 이르는 규모다. 첨단 기술 개발 분야에서조차 저임금의 우수한 대체 인력 시장이 활짝 열린 것이다. 굳이 비싼 미국인 대졸 엔지니어를 뽑을 필요가 없다!

| 공장 자동화 속도가 빨라졌다

코로나 사태는 전통적인 제조업에 심각한 타격을 줬다. 바이러스 확산을 막기 위해 시행한 봉쇄 조치Lock down가 1차 원인이 됐다. 봉쇄 조치의 여파로 미국, 유럽, 한국 제조업 공장 여러 곳의 가동이 중단됐다. 유럽의 벤츠, BMW, 폭스바겐 등과 미국의 GM, 포드, 크라이슬러 등 자동차 공장에서 신종 코로나 바이러스 감염자가 발생했기 때문이다. 수많은 근로자가 밀집해 일하는 환경이 바이러스를 확산시킬 수 있다는 우려가 커지면서 공장을 더 이상 가동할 수 없게 됐다.

글로벌 기업의 대규모 공장에서 파업할 때를 제외하고 2주 이상 가동이 멈추는 경우는 정말 드물다. 코로나 사태가 한두 달로 끝날 게 아니기 때문에 경영자들은 대책을 마련해야 했다. 그들이 특히 주목한 게 바로 '공장 자동화'다.

공장 자동화는, 쉽게 말하면 로봇이 제조 공정에 투입되는 시스템이다. 공장 자동화가 본격 추진되면 근로자들의 고용에 심각한 위협이 될 수 있다. 이런 점 때문에 노동조합은 예전부터 공장 자동화를 강하게 반대했다. 그랬던 상황이 코로나 사태로 확 바뀐 것이다. 경영자들은 바이러스 대책을 강화한다는 명분을 내걸고 공장 자동화를 강하게 밀어붙이고 있다. 도입 시기를 앞당기자는 것이다.

이런 흐름은 글로벌 컨설팅 그룹인 HFS 리서치의 설문 조사에서 그대로 나타났다. 이 설문에 응한 기업의 54%가 로봇과 공정 자동화에 대한 투자를 늘리겠다는 의사를 밝혔다. 공장 자동화가 추진되려면 산업용 로봇이 필요하다. 이 로봇 판매량도 2013년~2017

년 5년 동안 연평균 14% 증가했다. 아울러 로봇이 전문적으로 서비스하는 시장도 성장하고 있는데, 2018년의 경우 전년 대비 32%나 시장 규모가 커졌다.

우리나라도 이런 흐름을 비껴갈 수는 없을 것 같다. 한국은행이 2020년 10월 발표한 '코로나19의 노동시장 관련 3대 이슈와 대응 방안' 보고서에도 미국에서와 똑같은 상황이 일어날 수 있다는 우려가 제기됐다. 이 보고서는 이렇게 분석했다.

"코로나 사태 이후 제조업 공장 여러 곳이 일시 폐쇄됐다. 이런 사건으로 인해 근로자의 생산성 감소에 대한 우려가 커지고 있다. 이에 따라 경영자들이 자동화 투자를 가속화할 가능성이 높다."

공장 자동화를 뛰어넘는 개념도 등장했다. 대표적인 게 '스마트 팩토리Smart Factory'다. 공장 자동화가 단순히 사람이 하던 일을 기계가 대체하는 개념이라면 스마트 팩토리는 이것을 뛰어넘어 4차 산업혁명의 빅데이터, 인공지능AI, 사물 인터넷IOT 등의 기술이 결합된 공장 운영 시스템이다. 공장 내 모든 설비와 기계에 장착된 센서가 실시간으로 데이터를 수집해 분석하고, 최적의 생산 공정을 찾아간다. 말 그대로 똑똑해진 공장을 의미한다.

이 정도 단계에 이르면 기계와 로봇이 AI를 기반으로 과거의 패턴을 학습해 최고의 효율성과 유연성을 실현할 수 있어, 소수의 인력만으로 공장을 운영할 수 있다. AI는 과거 데이터와 트렌드를 놀라운 속도로 빠르게 분석하지만 새로운 차원의 데이터가 입력되면 학습 능력이 급격히 떨어진다. 그래서 아직까지는 완벽하게 인간을 대체할 수 없다. 미래가 어떻게 바뀔지는 단언할 수 없지만 확실한 사실 하나는 있다. 근로자의 숫자가 과거의 5분의 1, 혹은 10분의 1로 줄어들 수밖에 없다는 것이다.

엄밀히 말하자면 코로나 사태의 결과물이라고는 할 수 없지만, 새로운 기업 트렌드가 하나 더 있다. 이미 코로나 사태 이전부터 나타난 현상인데, 바로 플랫폼 기업이 급부상하고 있다는 사실이다.

제조업도, 금융업도, 유통업도 아닌 플랫폼 기업이 세상을 지배하는 시대가 된 것 같다. 아마존, 구글, 페이스북, 마이크로소프트, 넷플릭스 등 서비스 기업뿐만 아니라, 애플과 테슬라 등 미래 지향적 제조 기업도 광범위한 소비자 기반을 바탕으로 팬덤fandom을 형성하고 있다. 한국도 네이버, 카카오, 쿠팡, 배달의민족, 야놀자 등 플랫폼 기업이 빠르게 성장하며 영향력을 넓혀가고 있다. '문어발식 확장'이라는 말이 어색하지 않을 정도로 진출 분야도 다양하다. 네이버와 카카오는 본격적으로 금융업으로 진출했고, 쿠팡은 기존 e-커머스에 간편 결제 사업과 OTTOver the Top 영역에 진출하고 있다.

플랫폼 기업은 편의성을 기반으로 소비자들을 대거 끌어모은다. 이들의 소비 행태를 빅데이터와 인공지능으로 심층 분석해 추가 구매를 유발하는 상품과 서비스를 추천한다. 시간이 갈수록 데이터가 쌓이면서 매출액은 더욱 늘어난다.

고객과 소비자 데이터를 적게 가진 기업과의 격차는 점점 더 벌어진다. 경쟁자 또는 후발 주자가 이러한 격차를 만회하기 위해서는 아예 플랫폼 기업을 인수할 수도 있겠지만, 그 경우 수조, 혹은 수십조 원은 줘야 할 것이다. 현실적으로 이 돈을 주고 인수할 기업은 손에 꼽거나, 아예 없을 것이다. 결국 빅 테크Big Tech 기업들이 과거에 정유, 항공, 금융 등 분야에서 벌어졌던 독과점을 형성할 가능성이 높아졌다. 시장의 강자가 바뀌는 셈이다.

| 디지털 트랜스포메이션, 기업 운명 결정한다

신종 코로나 바이러스의 강한 전파력은 인간의 삶을 뿔뿔이 흩어 놓았다. 한자리에 모이지 못하고, 대부분 집에서 일을 하며 시간을 보내야 했다. 그렇지 않으면 소수의 사람이 띄엄띄엄 앉아서 일을 해야 한다. 분명히 낯설고 불편한 변화인데도 세상은 겉으로는 별 무리 없이 잘 돌아가는 것처럼 보인다. 디지털 기술이 발전했기에 가능한 일이다. 기존 사업을 빠르게 디지털 기반으로 전환했거나 아예 처음부터 디지털 기반의 사업을 구축한 기업과, 그렇지 못한 기업은 운명이 확연히 갈리고 있다. 특히 클라우드Cloud와 인공지능AI 분야의 기술 차이가 기업의 차이를 만들어낸다고 해도 과언이 아니다.

클라우드는, 인터넷과 연결된 중앙 컴퓨터에 데이터를 저장해 언제 어디서든 인터넷에 접속해 이용할 수 있는 서비스다. 작업한 컴퓨터 파일을 과거처럼 별도의 서버에 저장하지 않고, 클라우드에 저장하면 된다. 또한 서버에 저장된 파일 자료를 편하게 열람할 수 있다. 클라우드 서비스는 이미 10여 년 전에 도입됐으나, 기업들의 수용 여부는 제각각이었다.

기업이 클라우드 시스템을 이용할 때 들어가는 비용은 별도로 서버를 구축하고 관리할 때의 10분의 1 정도면 충분하다. 만약 수십, 수백 대의 서버를 가동해야 한다면 별도의 건물을 임대하거나 관리 인력도 필요해진다. 클라우드 시스템을 도입하면 이 비용을 전혀 들이지 않아도 된다. 또한 언제 어디서나 인터넷으로 접속이 가능하다. 따라서 굳이 사무실에서 작업할 필요가 없다. 외부에서 일해도 되고 결과물을 클라우드에 저장하기만 하면 된다.

이처럼 장점이 많은데도 그동안 기업들이 클라우드 도입을 꺼린 이유가 뭘까? 바로 외부에서의 해킹과 같은 보안 이슈 때문이었다. 이 걱정들이 코로나 사태를 거치면서 모두 수면 아래로 가라앉았다. 바이러스는 당장 사라질 것 같지 않고 회사 업무는 정상적으로 돌아가야 하는 과제가 앞에 놓였다. 그러니 클라우드 시스템이 주목받기 시작했다. 코로나 사태 이전에 이 시스템을 도입한 기업은 여유만만이다. 그렇지 못한 기업은 이제야 부랴부랴 클라우드 시스템을 도입하는데, 적응하려면 시간이 많이 걸린다. 이미 경쟁에서 뒤처진 것이다.

AI의 진화는 더욱 폭발적이다. AI는 구글 알파고와 이세돌 9단의 바둑 대국 이벤트를 통해 세상에 본격적으로 이름을 알렸다. 이후 AI는 빠르게 영역을 확장하고 있다. AI를 이용하면 로펌이 기업

소송에서 유사한 판례를 찾아 분석하는 데 10분이 안 걸린다. 의사가 임상 데이터를 기반으로 환자의 CT 사진을 분석하며 암 진단과 판정을 내리는 것도 마찬가지다. AI는 방대한 데이터를 이용해 과거 패턴을 분석하는 것을 뛰어넘어 딥 러닝Deep Learning을 통해 새로운 변수에 대한 판단과 대처 능력을 키우고 있다.

고객 자산을 운용하는 투자의 예를 들어보자. 이 분야에서 한때 시스템 트레이딩이 크게 유행했었다. 20~30년 동안의 데이터를 분석해 매매 신호를 포착하는 방식인데, 데이터의 양이 많으니 나름대로 투자 결정에 큰 도움이 된다. 하지만 치명적인 한계도 있었다. 데이터 자체가 과거의 데이터라는 점이 바로 그것이다. 과거의 패턴은 현재 시점에 그대로 반복되지 않는다.

바로 이 시스템 트레이딩의 한계를 AI는 뛰어넘었다. AI 투자는 과거 데이터를 기반으로 현재 시점의 변수와 리스크를 고려해 의사결정을 내린다. 이를 가장 빠르게 도입한 기업이 바로 골드만삭스Goldman Sachs다.

물론 아직까지는 AI가 걸어온 길보다 앞으로 가야 할 길이 더 멀다. 하지만 빠른 시일 내에 AI는 인간이 하는 많은 일을 대체할 것이다. 이러니 디지털 전환은 선택이 아닌, 기업 생존을 위한 필수 과제로 여겨지고 있다.

한국 증시가 미국 증시를
그대로 따라가고 있다.
한국 증시에서 돈 좀 벌어보겠다면,
미국 증시 흐름을 알아둬야 한다는 게
빈말이 아니란 뜻이다.

Part 2

왜,
여전히 미국에
주목해야 하는가?

코로나 사태가 종식되면 그 전의 삶으로 돌아갈 수 있을까? 솔직히 자신할 수는 없다. 그동안 너무 많이 변해 버렸기 때문이다. 경제 분야에서도 코로나 사태 이전과는 확연히 다른, 새로운 흐름이 나타날 가능성이 있다.

국가 서열에서도 변화의 조짐이 보인다. 무엇보다 중국의 약진이 점쳐진다. 중국 우한에서 코로나 사태가 시작됐지만, 중국은 미국이나 유럽보다 더 빨리 사태를 매듭지었다. 전 세계가 하나의 경제권이기 때문에 속단할 수는 없지만, 중국의 약진은 명백한 사실이다.

이러다가 중국이 경제력을 무기로 미국을 누르는 날이 오지 않을까? 미국이 세계 최고의 경제 대국 지위에서 내려오고, 중국이 세계 경제를 좌지우지하는 시대가 올까? 아니다. 여전히 미국은 유일한 강대국이다. 우리는 미국에 주목해야 한다.

1

미국은 여전히,
유일한, 슈퍼 파워 국가

세계은행World Bank 부총재를 지낸 중국의 저명한 경제학자 린이푸
林毅夫 베이징 대학 교수는 2020년 8월 대학 강연에서 "중국의 경제
규모가 2030년에 미국을 넘어서고, 2050년이 되면 미국의 패권주
의가 종말을 고할 것"이라고 주장했다. 그에 따르면 중국은 앞으
로 매년 5~6%의 성장을 이어갈 것이다. 그러면 2030년에 경제 규
모에서 미국을 추월할 것이고, 나아가 2050년에는 중국의 1인당
GDP가 미국의 50%에 도달한다는 것이다.

　이런 전망, 현실이 될까? 일단 수치상으로는 가능하다. 중국
인구는 미국의 4배에 이른다. 그러니 중국 경제가 조금만 성장해도
파급력은 더 크다. 이를 감안하면, 2050년에는 중국 경제가 미국의
2배로 커지게 된다.

　반면 세계 최대의 미국은 좀 헤매는 것 같다. 특히 코로나 사

태 이후 전반적으로 모든 분야에서 상황이 더 나빠졌다. 백신이 공급되면서 희망을 이야기하지만 여전히 코로나 사태는 암흑의 터널이다. 미국 경제는 꽤나 정체된 느낌이다. 그래서인지 경제 규모에서 중국이 미국을 앞지르는 시점이 더 당겨졌다는 보도까지 나온다. 하지만 이미 말한 대로 미국은 유일한 슈퍼 파워 국가다. 미국을 주목해야 한다는 이야기 또한 백 번을 강조해도 지나치지 않다.

| 미국은 어떻게 유일한 강대국이 됐나

1990년대 초반 소비에트연방이 무너졌다. 이로써 자본주의 진영의 미국과 사회주의 진영의 소련, 두 강대국의 싸움이 막을 내렸다. 이후로는 미국을 견제할 수 있는 국가가 없었다. 국제 사회에서 미국의 독무대가 시작됐다. 미국은 막강한 군사력을 바탕으로, 네 가지 분야를 장악하며 세계 유일의 강대국으로 급부상했다.

첫째는 에너지 시장이다. 미국은 막강한 군사력과 정보력, 외교력을 바탕으로 산업 활동의 근간이었던 중동의 원유 시장을 장악했다. 세계 최대 산유국인 사우디아라비아의 국영 석유기업인 아람코Aramco는 1944년 아라비안 아메리칸 오일 컴퍼니Arabian American Oil Company의 이름을 따서 지어졌다. 미국의 영향력을 한눈에 알 수 있는 대목이다. 미국은 다른 어떤 국가보다 석유를 싸고 원활하게, 그리고 우선적으로 공급받는다. 이는 어마어마한 산업 경쟁력이다.

둘째는 금융 시장이다. 원래 금융업은 제조업과 유통업에 필요한 자금을 공급하기 위해 시작됐다. 그러나 이후 금융업이 발달하면서 반대로 금융이 제조 및 유통업을 리드하는 시대가 왔다. 그러니 금융 시장에서의 영향력이 커지면 국제무대에서 목소리를 높일 수 있다.

미국은 1944년 설립된 국제통화기금IMF의 최대 주주(약 18% 지분) 지위를 확보했다. 덕분에 글로벌 금융 시장의 표준을 구축하면서 미국에 가장 유리한 방식을 채택했다. 금융 위기를 맞은 국가에 긴급 달러화를 빌려주는 조건으로 이 표준을 따르도록 했다. 당연히 과실도 그들의 몫이었다.

셋째는 과학 기술 분야다. 새로운 첨단 기술은 대부분 미국에서 시작됐다. 그 기술이 군사적인 것이라면 더욱더 그랬다. 미국에는 이를 위한 첨단 기지가 있었다. 바로 나사NASA와 실리콘 밸리다. 이곳을 중심으로 세상의 패러다임을 바꾸는 첨단 기술이 빠른 속도로 개발됐다. 지금의 '빅 테크Big Tech' 기업이 세계 시장을 석권한 원동력을 제공했다. 어느 분야든 표준을 정하는 국가와 기업이 그 산업을 선도하는 것이 당연한 이치다.

넷째는 무역 분야다. 세계무역기구WTO는 1995년 설립된 국제기구로, 글로벌 무역의 기준과 질서를 정한다. 미국을 비롯한 선진국 주도로 운영되고 있다. 여기에 가입하지 않으면 세계 시장에서 '왕따'가 된다. WTO는 글로벌 무역의 활성화를 외치지만 실제로는 미국의 제조업과 서비스업이 글로벌 시장에 침투할 수 있는 기반을 제공하는 역할을 했다. 말이 공정한 무역이지, 실제로는 미국에

유리한 여건이 만들어졌다는 이야기다. 초등학생과 대학생의 싸움에 비유할 수 있을 것 같다. 아시아와 남미, 아프리카의 신생 기업이 첨단 경쟁력을 갖춘 미국 대기업과 겨뤄 이길 수 있겠는가?

이 네 가지 분야를, 미국은 오랫동안 장악해왔다. 덕분에 지금까지도 슈퍼 파워 지위를 누리고 있다. 다만 최근에는 중국의 급부상으로 조금씩 그 지위가 흔들리고 있다. 버락 오바마 전 대통령 시절부터 미국에서는 '중국 견제론'이 조심스럽게 대두됐다. 하지만 강력한 조치를 취할 수는 없었다. 미국 기업들이 중국 시장에서 벌어들이는 돈이 어마어마하게 많았기 때문이다.

도널드 트럼프 전 대통령은 중국과의 무역 전쟁을 불사하겠다며 강하게 나왔었다. 하지만 그때도 본격적인 싸움은 시작되지 않았다. 중국이 'G7(선진 7개국 모임)'을 넘어 미국과 'G2'를 형성하고 있으나, 당장 두 나라 사이에 큰 무역 전쟁은 일어나지 않을 것이라고 전망하는 이들도 많다. 당분간은 미국의 슈퍼 파워 지위가 흔들릴 일은 없을 거란 이야기다.

| 중국의 급부상, 미국 위협할까?

중국의 약진은 금융 시장에서도 나타나고 있다. 이미 많은 투자자들이 미국 비중을 줄이고, 중국 비중을 늘리고 있다. 이는 위안 강세에서 여실히 드러난다. 2020년 5월 27일 기준으로 1달러 대비 환율이 7.1697 위안이었지만 2021년 1월 20일 기준 6.4711 위안까

미국 달러 대비 중국 위안 환율 추이

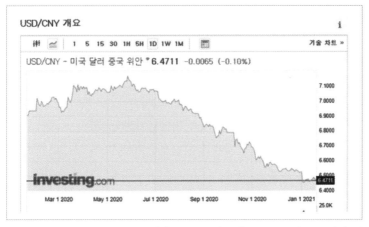

출처: investing.com(https://kr.investing.com/currencies/usd-cny)

지 떨어졌다.

투자자들은 달러를 팔고 위안을 사들였으며, 이 돈으로 다시 중국 기업들의 주식을 매입했다. 특히 온라인 전자 상거래, 전기자동차 등 미래 생활을 혁신적으로 바꾸는 기업에 베팅했다. 중국식 정치 체제를 선호하든 그렇지 않든, 앞으로는 중국의 급성장을 지켜보며 대응할 필요가 있다는 점은 분명해 보인다.

흥미로운 점은, 코로나 사태가 중국의 급성장에 큰 기여를 했다는 사실이다. 신종 코로나 바이러스의 진원지를 놓고 미국과 중국이 치열한 논쟁을 계속해오고 있으나, 누구도 부인하지 못하는 것은 중국이 코로나 충격에서 가장 빨리 벗어났다는 점이다.

2020년 10월 국제통화기금IMF이 발표한 주요 국가 경제성장률 전망치를 보면 중국이 압도적으로 높다. 중국은 코로나 사태에도 불구하고 주요국 가운데 유일하게 2020년 성장률이 플러스를 기록했다. 게다가 2021년에는 8.2%로 고高성장 추세를 회복할 것으로 예상했다.

반면 미국은 2020년 상반기에 -8.0%, 하반기에 -4.3%로 치명타를 입었다. 그나마 2021년 하반기에는 3.1%로 높아질 것으로 전망되지만 이는 2020년 경제가 최악이었기 때문에, 상대적으로 성장률이 높아 보이는 기저基底 효과에 불과하다. GDP 수치로 보면 2019년과 비슷한 수준이다. 독일, 프랑스, 이탈리아, 스페인 등 유럽 강국들은 2020년 -10%를 오가는 침체기를 겪었고, 일본도 마찬가지다.

주요 국가들의 2019~2021년 경제 성장률 전망

	2019년	2020년 상반기	2020년 하반기	2021년 상반기	2021년 하반기
세계 평균	2.8	-5.2	-4.4	5.4	5.2
미국	2.2	-8.0	-4.3	4.5	3.1
중국	6.1	1.0	1.9	8.2	8.2
독일	0.6	-7.8	-6.0	5.4	4.2
영국	1.5	-10.2	-9.8	6.3	5.9
인도	4.2	-4.5	-10.3	6.0	8.8
한국	2.0	-2.1	-1.9	3.0	2.9

출처: 국제통화기금(IMF)

물가 상승률 등의 다른 요소는 일단 배제한 수치다. 주요 국가 중에 중국만 유일하게 2020년 플러스 성장을 기록했다. 2021년에는 대부분 국가가 마이너스 성장에서 탈피할 것으로 보인다. 성장 폭은 중국과 인도가 가장 클 것으로 전망된다.

미국과 유럽이 휘청거리는 동안 중국이 날개를 달았다. 중국은 강력한 중앙 집권적 경제 체제를 통해 코로나 사태를 딛고 빠르게 성장하고 있다. 그러니 미국의 가장 강력한 견제 세력이란 사실은 부정할 수 없는 사실이 됐다. 린이푸 교수는 2030년 중국의 경제 규모가 미국을 넘어설 것이라 전망했다. 이에 대해 미국의 전문가들은 어떻게 생각할까? 미국 브루킹스 연구소Brookings Institute의 호미 카라스 연구원이 내놓은 전망은 더 파격적이다. 그는 린이푸 교수보다 2년 이른 2028년에 중국이 미국 경제 규모를 따라잡을 것으로 봤다.

중국은 정치적 사회주의와 경제적 자본주의를 절묘하게 조합해, 누구도 예상치 못한 경제성장을 이뤄냈다. 코로나 사태는 중국의 성장에 큰 도움을 줬다. 미국의 경우 마스크 착용 논란과 대통령 선거 등을 거치며 방심한 사이에 최악의 사태를 맞았다. 국가적 봉쇄로 경제가 휘청거렸다. 중국은 어떤가? 개인의 자유를 희생시키면서 강력한 중앙 집권적 통치 시스템으로 코로나 바이러스를 제압하고 성장 국면으로 다시 진입했다. 안타깝게도, 그리고 인정하고 싶지 않지만, 국가적 위기 상황에 대처하는 데는 개인의 자유를 존중하는 민주주의 체제보다, 개인의 자유를 일정 수준 희생하는 중앙 집권적 통치 시스템이 더 효과적이었던 것이다.

하지만 중국이 글로벌 경제를 좌우할 정도로 '모범 국가'이지는 않다. 일단 중국은 여전히 회계 시스템이 불투명해 기업의 재무제표를 믿기 어렵다. 공기업의 비중이 클 뿐 아니라 이런 기업들은 정부 지원금으로 생명을 연장하거나 덩치를 키운다. 게다가 정부가 과도하게 시장에 개입하기 때문에 경제가 어디로 튈지 예측하기 어렵다는 비판도 크다.

중국의 최대 전자 상거래 기업인 알리바바Alibaba 사례에서 금방 알 수 있다. 제아무리 대단한 기업이라도 중국 정부에 밉보이면 한순간에 휘청거릴 수 있다. 알리바바는 전자 상거래를 통해 확보한 고객을 기반으로 예금과 대출, 자산 관리 등 금융 산업 전반으로 영역을 확장해왔다. 여기에서 한 발 더 나아가 온라인 결제 사업(알리페이)까지 진출했고, 이제는 시중 은행들을 위협하는 수준까지 이르렀다.

그러자 중국 정부가 강력하게 견제하기 시작했다. 중국 중앙은행인 인민은행은 "본연의 사업에만 충실하라."라는 지침을 내리며 사업 확장을 사실상 중단시켰다. 알리바바 창업자인 잭 마윈이 설립했으며 알리페이를 운영하는 앤트 그룹은 350억 달러 규모의 기업공개IPO를 추진했다가 철회할 수밖에 없었다. 마윈이 두 손을 든 것이다.

중국 정부는 민간 기업이 정부의 지위를 흔드는 걸 용납하지 않는다. 시중 은행이야 중국 정부의 소유이기 때문에 손쉽게 통제할 수 있다. 반면 알리바바는 민간 기업이니 직접적 통제가 어렵다. 그런 민간 기업이 더 커지면? 중국 공산당은 절대 용납할 의지가 없다.

이처럼 중국의 낮은 경제 민주화 수준 말고도 중국이 미국을 대체할 수 없는 이유는 또 있다. 중국의 성장은 글로벌 경제보다는 내수 경제 규모가 커졌기 때문에 가능했다는 점이다. '인민'의 수가 압도적으로 많아 규모가 커진 경제라는 이야기다. 내수 위주이기 때문에 글로벌 경제 시장에서 중국의 영향력은 아직 낮다.

결론이다. 중국의 약진은 확실히 두드러진다. 하지만 지금까지 언급한 여러 이유로 인해 중국이 당장 미국을 압도하며 글로벌 시장을 주도할 확률은 높지 않다!

| 금융 분야는 미국이 압도적 1위

2000년대 이후 미국은 유일한 슈퍼 파워로 세계 경제를 주도해왔다. 코로나 사태의 충격이 크다 한들, 전 세계의 경제 체제를 완전히 파괴할 수는 없다. 만약 그렇게 된다면 전 세계는 폭동과 소요 등으로 '심판의 날'을 맞을지도 모른다. 그러니 미국의 위세는 꺾지 못한다.

지난 20년 동안 미국의 독주 체제가 굳건해진 데는 신新자유주의의 영향이 컸다. 자유 시장 경제를 장려하고 국가의 개입을 최소화하는 이념에 따라 세계화가 빠르게 진행됐다. 이미 글로벌 제품-서비스 경쟁력을 갖춘 미국 기업들에게 이보다 좋은 환경이 또 있겠는가? 물 만난 고기처럼 미국 기업들은 세계의 모든 시장을 파고들었다. 그 결과 미국 기업의 글로벌 시장 점유율은 크게 높아졌다. 더불어 글로벌 시장도 한층 통합의 길로 접어들었다.

미국의 견제 세력은 없었던 걸까? 미국의 독주를 견제할 것으로 여겨졌던 나라를 꼽자면 유럽연합EU과 일본, 중국 등을 들 수 있다. 하지만 EU와 일본의 경제는 장기 침체에 빠지면서 활력을 잃었다. 2019년 기준으로 EU의 경제성장률은 1.5%, 일본은 0.7%에 불과하다.

그나마 중국이 강력하게 미국을 견제하고 있다지만 글로벌 시장을 주도하는 첨단 IT 기업들의 면모만 살펴봐도 미국이 강력한 1위임을 확인할 수 있다. 불가능할 것으로 여겨졌던 혁신을 이뤄내 세계 기업들의 모범이 된 애플, 구글, 페이스북, 마이크로소프트 등이 모두 미국 기업이다. 이들 기업은 과감한 혁신을 통해 초비약적인 생산성 증가를 이뤄냈다. 덕분에 미국 기업들은 전통 제조업을 뛰어넘어 첨단 IT 산업과 금융 산업까지 융합할 수 있었고, 결국 글로벌 금융 시장을 장악할 수 있었다.

하지만 이미 말한 대로 중국의 추격이 무섭다. 세계에서 가장 큰 은행이 혹시 궁금하지 않은가? 놀랍게도 미국 은행이 아니다. 바로 중국이다. 미국의 경제 매거진 포브스가 2019년 실적을 기준으로 집계한 세계 1위 은행은 중국 공상工商은행이다. 2위는 미국 JP모건 체이스, 3위는 중국 건설은행, 4위는 중국 농업은행, 5위는 BOABank of America다.

이 순위만 놓고 보면 상위 5위권 중 셋이 중국 은행이다. 확실히 중국은 미국을 위협하고 있다. 다만 간과해서 안 될 점이 있다. 이 중국 은행들은 모두 정부 소유란 사실이다. 민간 기업이 아니란 이야기다. 게다가 이 은행들은 주로 예금과 대출, 외환 등 상업 은행Commercial Banking 업무에 주력한다. 주식, 채권, 부동산, 파생 상품 등을 다루는 투자 은행Investment Banking 업무에는 약하다. 그 차이는 상당히 크다. 일반적으로 금융 시장의 영향력은 투자 은행 업무에서 결정된다. 그러니까 중국의 경우 인구 대국이란 장점을 이용해 '인민'을 상대로 장사해서 매출이 높을 뿐이지, 글로벌 금융 시장에 미치는 영향은 미미하다는 결론이 나온다.

투자 은행 분야를 주도하는 대표적 기업들을 꼽자면 골드만 삭스, JP모건, 씨티그룹, 모건 스탠리 등이다. 모두 미국 기업이다. 글로벌 금융 시장이 미국 기업들의 독무대라는 말이 그냥 나오는 게 아니란 얘기다. 유럽은 사실상 투자은행 업무를 포기했다. 그나마 호주 맥쿼리 그룹, 일본 노무라 증권 정도만이 간신히 명함을 내미는 수준이랄까. 금융 분야에서 미국은 여전히 유일한 글로벌 슈퍼 파워다.

| 특히 한국은 미국 시장에 좌우된다

글로벌 경제 상황이 이러니, 모든 나라가 미국의 경제 상황을 유심히 살필 수밖에 없다. 특히 대미 수출 비중이 큰 한국은 더욱 그럴 수밖에 없다.

2018년 기준으로 한국의 대미 수출 비중은 12.1%로, 중국(26.8%)에 이어 2위를 차지했다. 하지만 이 통계에도 변수가 있다.

중국 수출의 경우 한국이 수입한 제품을 재가공해 중국에 되파는 중간재 수출 비중이 약 80%다. 이를 뺀다면 한국의 수출 비중이 가장 큰 나라가 미국이 되는 셈이다.

한국도 경제 선진국으로 진입하고 있다. 2019년 기준으로 한국 GDP는 1조 6,422억 달러다. 전 세계에서 10위다. 우리나라의 인구와 영토 크기를 감안하면 상당히 높은 순위다. 하지만 미국과 비교하면 이야기가 달라진다. 미국의 GDP는 21조 4,277억 달러로, 2위 중국(14조 3,429억 달러)을 압도적으로 앞선 1위다. 한국의 GDP는 미국의 8% 수준이다. 이런 상황인데 어떻게 미국의 눈치를 안 보겠는가? 우리나라도 경제 선진국에 진입했으니 미국에 목소리를 높여야 한다고 주장하는 사람들이 있는데, 감성적으로는 맞는 말이지만, 이성적으로 생각하면 어려운 이야기다.

게다가 글로벌 시장은 오히려 점점 더 통합의 길로 가는 추세다. 이미 말한 대로 그 시장을 미국이 주도한다. 그러니 미국 시장의 흐름은 그대로 한국 시장에 반영된다. 수출로 먹고사는 한국은 피할 수 없는 현실이다. 물론 코로나 사태로 세계화 추세가 단절될 것이라 예견하는 학자들도 있다. 하지만 한 번 통합된 시장은 다시 되돌아가기 어렵다. 오히려 인터넷과 모바일을 통해 세계화는 더욱 가속화할 것으로 예상된다.

한국의 금융 시장은 1990년대 말 외환 위기를 겪으면서 사실상 완전 개방됐다. 당시 외국 투자자들이 폭주족처럼 밀려들어 왔다. 한국 정부는 달러가 필요했으니 외국 투자자를 귀빈처럼 대우했다. 그들은 국내에서 돈을 번 다음에 언제든지 해외로 돈을 송금할 수 있었다. 해외 송금 제한도 거의 없었다. 이 때문에 외국 투자자들은 쌈짓돈 다루듯이 한국의 자본을 언제든지 본국으로 보냈다. 그래서 "한국은 ATM(은행 현금인출기)"이라는 오명도 생겨났다.

당시 한국만 이런 상황에 처한 게 아니었다. 동남아시아의 여러 나라가 외환 위기를 동시에 겪었다. 당시 중국은 한국과 동남아시아의 상황을 걱정스러운 시선으로 바라봤다. 중국 정부는 외국 투자자들이 한꺼번에 돈을 빼 가면 나라가 망할 수도 있겠다는 결론을 내렸다. 이 때문에 중국은 지금까지도 과실果實 송금, 즉 외국인 투자자들이 본국으로 돈을 보내는 것을 강하게 규제하고 있다.

하지만 한국에서는 이런 규제가 불가능해졌다. 한국 금융 시장이 글로벌 금융 시장에 이미 통합됐기 때문이다. 2008년 글로벌 금융 위기가 발생했을 때 미국의 버락 오바마 대통령은 "경제 위기 극복을 위해서는 세계적으로 공동의 노력이 필요하다!"라고 설파했다. 그때 경제 선진국 7개국의 모임인 G7을 G20으로 확대 개편했다. 물론 한국도 G20에 포함됐다. 이러니 글로벌 금융 시장에서 발을 뺄 수 있겠는가?

미국 중앙은행 및 한국은행의 지난 20년간 기준 금리 추이

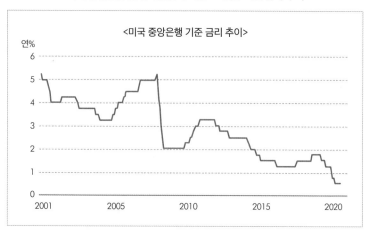

출처: 미국 중앙은행

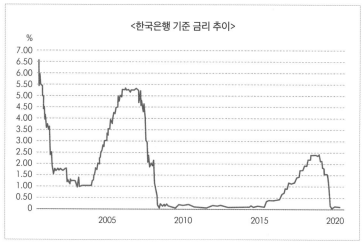

출처: 한국은행

두 나라 중앙은행 기준 금리 그래프를 보면 모양새가 비슷하다. 특히 2008~2010년 금융 위기를 극복하기 위해 기준 금리를 대폭 낮춘 점이 두드러진다.

| 한국 금융 시장 개방의 명암

이미 말한 대로 한국의 금융 시장, 넓게는 자본 시장을 개방하게 된 계기는 1990년대 후반의 외환 위기다. 이후 통신과 항공, 전력 등 사회기반시설soc 업종, 전쟁이 터졌을 때 정부가 강제로 재산을 몰수할 수 있는 일부 특별 업종을 제외하고 모든 분야에서 외국인 투자가 허용됐다.

2000년대 이후 외국인 투자 러시가 일어났다. 2006년 5월에는 외국인 투자 비율이 코스피 전체 시가 총액의 40%까지 치솟았다. 그 후로 이 비율이 요동을 쳤지만 현재도 30% 내외의 수준에서 외국인 투자가 이뤄지고 있다. 코스닥 시장도 비슷하다. 외국인 투자 비율이 2018년 1월 13%까지 늘었다가 현재는 10%대에서 등락을 거듭하고 있다.

외국인 투자자의 상당수는, 짐작한 대로 미국 기업이다. 이러니 한국 증시도 미국 경제 상황에 민감할 수밖에 없다. 이런 점 때문에 일부에서는 자본 시장 개방 당시 신중하지 못했다는 비판도 제기된다. 하지만 꼭 그렇게 생각할 일은 아니다. 장기적 관점에서 본다면 한국 경제의 체질을 바꿨다는 점에서 긍정적 평가를 내릴 수도 있다.

일단 한국 기업의 투명성이 높아졌다. 정치적 음모론까지 제기됐지만 법원에서 최종 유죄판결을 받았던 옛 대우그룹 사례가 대표적이다.

1999년 말 금융감독원은 대우그룹 전반에 대한 특별 감리에 착수했다. 금융감독원은 약 23조 원 규모의 분식 회계를 찾아내 검찰에 고발했다. 검찰은 추가 수사를 통해 분식 회계 규모를 41조 원으로 확정했다.

분식 회계는 재무제표에 나와 있는 수치와 실제 수치가 다른 회계를 말한다. 눈속임하기 위한 회계인 것이다. 투자의 기본은 기업의 매출, 영업 실적과 비용 구조를 분석해 현재 가치를 파악하는 것에서 시작된다. 여기에 미래 성장성과 시장 지배력 등을 추가로 평가한 후 투자 여부의 의사 결정을 내리는 것이다. 이런 작업의 첫 단계가 회계 장부 분석이다. 첫 단계에서부터 수치를 믿을 수 없다면 투자는 이뤄질 수 없다. 실제로는 1,000억 원 적자인데, 분식회계를 통해 1,000억 원 흑자로 둔갑시켰다면, 이를 믿었던 투자자는 커다란 손해를 볼 수밖에 없다.

외환 위기 당시 수많은 대기업의 분식 회계 행태가 적발됐다. 재무제표에 재고 자산을 1조 원으로 기록한 대기업도 있었다. 아직 판매되지는 않았지만 생산을 끝내 창고에 보관한 물품이 1조 원어치라는 것인데, 실상은 달랐다. 회계 법인이 정밀 실사를 위해 이 기업의 창고를 방문했다. 물품은 없었다. 창고는 말 그대로 텅 비어 있었다. 그렇다면 1조 원은 어디로 증발한 것일까? 이 기업은 납득할 만한 이유를 제시하지 못했다. 회계 법인은 결국 1조 원을 모두 손실로 처리했다. 순식간에 1조 원의 적자가 발생한 것이다. 결국 이 회사는 파산했다.

외환 위기 이후 회계 법인의 감사와 금융감독원의 규제가 강해졌다. 기업들은 달라진 환경에 적응해야 했다. 물론 한국의 특수한 상황을 고려하지 않은 무책임한 처사라며 반발하기도 했다. 하지만 외환 위기 극복이 지상 과제였던 정부는 꿈쩍하지도 않았다. 더 많은 외국인 투자 유치를 위해 정부는 강공 드라이브로 밀어붙였다.

기업 분식 회계가 사라지면서 외국인 투자자들의 호평을 받았다. 정부는 한발 더 나가서, 재무제표 작성의 원칙과 방법을 정한 기업 회계기준을 미국 회계기준GAAP에 맞게 고쳐나갔다. 지금은 한국과 미국의 회계기준이 95% 똑같다. 한국 기업의 재무제표를 영어로 번역하면 미국 기업 재무제표를 보는 것과 다르지 않아, 외국인 투자자 입장에서 보면 참 편리해졌다.

둘째, 외환 위기 극복 과정에서 IT 산업이 새로운 성장 동력으로 떠올랐다. 이 또한 미국의 산업 구조의 변화를 그대로 따라간 것이란 점이 흥미롭다.

미국에서는 1990년대 초반 IT 산업의 혁명이 시작됐다. 야후Yahoo, 라이코스Lycos 등 포탈 기업이 등장했다. 그 기업들은 인터넷 검색이라는 새로운 무기를 꺼냈다. 도서관에서 책과 각종 자료, 신문을 뒤지지 않고, 누구나 쉽게 필요한 정보를 찾고 공유하는 신세계가 열렸다. 여기에 IT 인프라와 이동 통신이 가세하며 정보 생성과 유통, 커뮤니케이션이 획기적으로 빨라졌고, 이는 기업의 생산성 향상으로 이어졌다.

한국 정부는 경제 위기를 극복하기 위해 벤처 기업을 전폭 지원했다. 벤처 기업들이 수백억, 수천억 원의 투자를 유치하며 증시에 상장됐다. 이 벤처 기업은 황금 알을 낳을 재목으로 여겨졌다. 주가는 미친 듯이 올랐다. 네이버, 다음(현 카카오), SK텔레콤, KT 등이 당시 이런 배경에서 급성장했다. 미국과 똑같은 흐름이다.

IT의 강자로 군림한 미국 기업들이 그다음 진출한 것은 e-커머스다. 소비자의 편리함과 가격 경쟁력을 내세운 전자상거래 기업들이 속속 등장했다. 아마존은 미국뿐 아니라 전 세계를 평정했다. 한국에서도 이 흐름을 그대로 이어가고 있다. 네이버와 쿠팡, e-bay 등이 현재는 전자상거래를 주도하고 있다.

2008년 금융 위기 이후로는 미국에서 바이오·제약 산업이 성장 산업으로 여겨졌다. 자본과 기술력 모두 취약한 한국 제약 기업들이 미국처럼 성장할 수 있을까? 그런 고민도 이제 할 필요가 없어졌다. 한국 기업들도 R&D 역량이 제법 쌓였다. 글로벌 제약회사의 신약 개발을 위한 수많은 R&D 과정의 중요한 일부분을 맡거나, 원료 물질을 개발하거나, 개발이 완료된 바이오 의약품의 위탁 생산 등 세분화된 분야에서 한국 기업들이 경쟁력을 인정받고 있다.

전기 자동차 분야도 미국에 이어 한국 기업들이 각광을 받고 있다. 현재까지는 미국 테슬라가 글로벌 시장을 주도하고 있다. 하지만 핵심 부품인 2차 전지·배터리는 LG화학, 삼성 SDI, SK이노베이션 등 국내 기업이 리드하고 있다.

여기까지의 상황만 보더라도 한국과 미국 경제의 연관성은 갈수록 커지고 있다는 사실을 알 수 있다. 실물경제를 반드시 100%

반영하는 건 아니지만 증시도 마찬가지다. 한국과 미국 증시의 연관성 비율은 현재 85~90%에 이른다.

2

한국 증시,
미국 따라간다

2020년 12월 31일 미국 나스닥 지수는 1만 2,888포인트를 기록하며 한 해를 마감했다. 연초에 비하면 약 43% 올랐다. 코로나 사태가 터진 후 가장 하락폭이 컸던 3월 20일이 6,879포인트였으니 이때에 비하면 약 87%가 올랐다.

그야말로 폭등이라고 부르는 것 말고는 달리 표현할 방법이 없다. 그런데 다우 지수는 1년 동안 약 7% 정도밖에 오르지 않았다. 혁신 기업이 몰려 있는 나스닥과 전통 기업이 몰려 있는 다우 지수의 명암이 엇갈린 셈이다.

흥미롭게도 한국에서도 이와 비슷한 현상이 나타났다. 2020년 한 해 동안 코스닥 지수는 약 44% 폭등했다. 전통 기업 위주인 종합주가지수(코스피 지수)의 상승폭은 32%였다. 한국에서도 IT, 바이오를 비롯한 성장 기업이 몰려 있는 코스닥 지수의 상승률이 더 높은 것이다.

갈수록 한국과 미국 증시는 닮은꼴이 되어가고 있다. 물론 미국이 한국을 닮아가는 게 아니다. 한국 증시가 미국 증시를 그대로 따라가고 있다. 한국 증시에서 돈 좀 벌어보겠다면, 미국 증시 흐름을 알아둬야 한다는 게 빈말이 아니란 뜻이다.

| 전문가들도 놀란 증시 V자 반등

코로나 사태 이후 유튜브를 통해 한국에서 유명해진 스타가 있다. '투자의 달인'으로 불리는 레이 달리오다. 그는 미국 헤지 펀드인 브리지워터 어소시에이츠Bridgewater Associates의 창업자 겸 공동 투자책임자CIO인데, 현재 1,800억 달러(약 210조 원)를 굴리고 있다.

레이 달리오는 냉철한 분석과 분산 투자로 최고의 명성을 누리고 있다. 그가 경기 전망을 내놓으면 파급력은 상당히 크다. 그는 코로나 경제 위기로 1929년 대공황에 버금가는 경기 침체가 나타날 것으로 예상했다. 통상적인 경기 침체Economic Recession와는 비교할 수도 없고, 피해가 꽤나 컸던 2008년 서브 프라임 모기지 사태보다 훨씬 강도가 높다는 것이다. 그는 미국 정부 정책을 이렇게 비판했다.

"미국 정부는 경기 회복을 위해 기준 금리를 0%로 낮추고, 무제한으로 달러를 찍어내고 있다. 그로 인해 가계, 기업, 정부의 부채가 급증한다. 문제는, 실물경제가 회복되지 않는 상황에서 무제한 달러 풀기만으로 경제를 살려낼 수 있느냐 하는 것이다. 산소 호흡기로 연명하는 것에 불과하다. 이 상태가 지속되면 결국 부채의 무게를 견디지 못한 수많은 경제 주체들이 파산할 뿐 아니라 미국 정부도 파산의 예외가 될 수 없다."

물론 낙관적인 전망이 없는 건 아니다. 그는 경쟁력이 취약하고 부채가 과도한 부실기업들은 차차 정리될 것으로 봤다. 시대의 흐름과 경제의 변화, 소비자의 욕구를 충족시키는 새로운 혁신 기업이 등장하면 시중의 자금이 그런 기업으로 흘러갈 것이고 그 결과 혁신 기업이 성장할 것으로 전망했다. 그러면서도 결론은 역시 부정적이다.

"진정한 의미의 경제 회복이 가능해지려면 총 부채의 양이 감소해야 한다. 그렇게 되려면 시장의 패러다임이 변해서 부실기업이 정리되고 혁신 기업이 안정궤도에 진입해야 한다. 문제는, 여기에 이르기까지 시간이 아주 오래 걸린다는 점이다."

미국을 비롯한 글로벌 경제의 회복까지는 갈 길이 멀다는 이야기인 것 같다. 이 말을 들은 투자자들은 얼마나 절망했을까? 그런데 놀라운 일이 일어났다. 투자의 달인이라는 그의 예측이 보기 좋게 틀려 버렸다. 미국 증시가 V자 형태로 급반등했다! 아직도 투자업계에서 그의 영향력은 크지만, 적어도 이번만큼은 명성에 흠집이 생기고 말았다.

사실 레이 달리오 외에도 많은 전문가들이 증시가 L자를 그릴 것으로 예상했다. 바닥을 치고 V자 형태로 튀어 오를 것을 예측한

2020년 미국 다우 지수와 나스닥 지수 차트

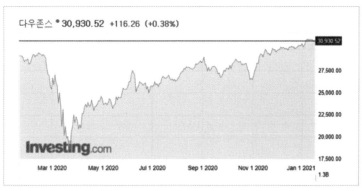

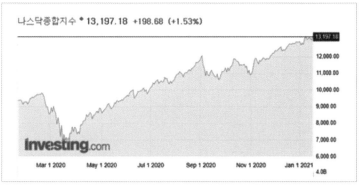

두 지수의 차트를 보면 V자 형태를 그리며 급반등한 점을 알 수 있다. 특히 나스닥은 이전 최고치인 9,818포인트는 물론이고 1만 3,000포인트도 가뿐히 넘었다.

이들은 그리 많지 않았다. 생각해 보라. 코로나 감염자와 사망자는 계속 늘어나고, 가게는 문을 닫았으며, 실업자는 넘쳐났고, 모든 경제 지표는 암울했다. 이런 상황에서 주가가 급반등하리라고 전망하는 이가 얼마나 되겠는가?

그런데 실제로 그런 일이 일어났다. 증시로 돈이 몰렸고, 주가는 연일 고삐 풀린 말처럼 달렸다. 투자자들은 고개를 갸우뚱하면서도 계속 오르는 주가를 외면할 수 없었다. 투자자들도 질주를 시작한 말에 올라타기 시작했다. 주가는 급등에 급등을 거듭했다. 다우 지수는 3만을 넘어섰고, 나스닥은 이전 최고치인 9,818포인트를 가뿐하게 찍고 난 후 1만 3,000포인트에 다가서고 있다.

| 정부 무제한 돈 풀기가 일등 공신

이제 원인을 찾을 때다. 최악의 경제 위기 상황에서 증시 V자 반등을 가능케 한 원동력은 무엇이었을까? 이에 대한 답은 이미 레이 달리오가 정확히 제시했다. 맞다. 미국 정부의 무제한 돈 풀기다.

증시 급반등의 출발점은 미국 정부와 의회의 CARES 법안이다. 미국 정부는 2020년 3월 27일 경기를 부양하겠다며 2조 3,000억 달러를 투입하겠다고 밝혔다. 이것이 CARES 법안인데, 이 규모는 미국 GDP의 10%에 육박한다. 미국 역사상 최대 규모의 돈 풀기다.

이 정부 정책은 시장에 긍정 시그널이 됐다. "정부가 시장에 적극 개입해 경제를 되살리겠다고 하니 우리가 투자를 늘려도 괜찮지 않을까?" 정부의 강력한 의지를 확인하면서 주가는 이때부터 V자 회복을 시작했다.

이쯤에서 2000년 6월 12일 발간된 연방공개시장위원회FOMC 정책 리포트를 보면 흥미로운 점을 발견할 수 있다. FOMC는 FRB

주요 간부들이 모여서 금리 및 통화정책을 논의하고 결정하는 핵심 기구다.

이 리포트에 따르면 2019년 기준 미국 GDP는 약 21조 5,000억 달러 수준이었다. FOMC는 코로나 사태 이후 경제 봉쇄로 인해 2020년 2분기(4~6월)에만 GDP가 연간 기준 30~40% 감소할 것으로 예상했다. 감소분을 달러로 환산하면 최소 6조 달러에서 최대 8조 달러에 이른다. FOMC는 이런 사태를 예상하며 "GDP에 커다란 구멍Big Hole이 생길 것이다."라고 했다.

이 예상은 그대로 현실이 됐다. 실제 2분기 GDP 성장률은 연간 기준으로 -32%였다. 이 구멍을 어떻게 메울까? 고민 끝에 내린 FRB의 결론은 이랬다. "이 구멍이 바이러스라는 비非경제적 요인으로 발생한 만큼 빠르게 틀어막으면 미국 경제의 붕괴를 막을 수 있다."

구멍을 메우기 위해 미국 정부는 마구 돈을 풀었다. CARES 조치로만 2조 3,000억 달러를 투입했고, 이어 다른 긴급 지원금을 또 뿌렸다. 여기까지가 약 3조 달러인데, FRB는 이와 별도로 약 2조 달러를 또 금융 시장에 투입했다. 또한 7월 말에 연방정부의 주당 600달러 추가 실업급여 지급이 끝나가자 5차 경제부양책을 논의하면서 1조 8,000억 달러(공화당)~2조 2,000억 달러(민주당)의 투입까지 거론됐다. 최종적으로는 미국 대선 이후 양당의 의견차가 팽팽히 맞서면서, 12월 연방정부 폐쇄shutdown를 막기 위해 급한 대로 9,000억 달러에 합의했다. 하지만 바이든 행정부는 2021년 1월 1조

9,000억 달러의 추가 경기 부양책을 공표했다.

이러한 부양책은 그야말로 융단 폭격이고 무제한 살포다. 미국 정부와 중앙은행이 풀어낸 돈을 모두 합치면 대략 6.8~7.2조 달러다. 한화로 환산하면 무려 8,000조 원. 이 돈을 모두 시장에 쏟아부었으니 자금이 증시로 몰리는 게 이상하지 않다.

종합하면, 미국 정부와 중앙은행의 지원금 액수는 대략 6.8~7.2조 달러다. 코로나 사태로 감소할 것으로 추정되는 미국 GDP 액수는 6~8조 달러였다. 놀랍게도 지원금 총액과 GDP 감소분이 거의 일치한다!

이게 우연일까? 아니다. 철저히 미국 정부의 계산에 따른 것이다. GDP의 큰 구멍을 미국 정부와 중앙은행이 메우고 있다는 이야기다. 이 때문에 내부적으로는 실업자 증가, 소비 감소, 재정 적자 폭증, 부富의 불균형 등 온갖 경제 문제들이 곪고 있지만 겉으로는 아무런 문제가 없는 것처럼 보인다.

미국 증시 전문가들이 이 사실을 모를까? 아니다. 그들도 이 사실을 안다. 그러니까 증시에 과감히 투자하는 것이다. 왜? 미국 정부가 절대로 발을 빼지 않을 것임을 확신하니까! 미국 증시가 빠르게 V자 형태를 보이며 코로나 사태 이전 지수를 회복한 게 무제한 돈 풀기의 필연적 결과라는 이야기가 이래서 나오는 것이다.

| V자 급반등, 또 다른 버블? 혁신의 결과?

미국 증시가 V자 형태로 급반등했지만 모든 기업의 주가가 오른 건 아니다. 전통 기업 중심의 다우 지수는 코로나 사태 이전의 3만 포인트를 간신히 회복했을 뿐이다. 반면 나스닥은 코로나 사태 이전보다 20% 가까이 더 올랐다. 왜 그럴까?

나스닥에는 이른바 '언택트' 시대의 주역으로 떠오른 FAANG Facebook, Apple, Amazon, Netflix, Google 기업이 몰려 있다. 게다가 전기 자동차 선두주자인 테슬라, 자율 주행차를 비롯해 4차 산업혁명의 핵심인 비주얼 컴퓨팅Visual Computing 핵심 기술을 보유한 엔비디아, 영상 회의가 가능한 줌 등도 나스닥에 몰려있다. 이들 기업은 2020년 말 주가가 연초에 비해 5배 이상 뛰었다. 코로나 사태를 맞으면서 최저점을 기록한 시점과 비교하면 주가가 무려 7~8배가량 뛰어올랐다.

이런 상황 때문에 우려가 있는 것 또한 사실이다. 많은 투자자들이 "나스닥 주가에 역사상 최대의 버블이 끼었다!"라며 불안한 시선을 보내고 있다. 혹시나 2000년대 초반 닷컴 버블 붕괴와 같은 사태가 재현되지 않을까 노심초사하는 이들도 있다.

보통 기업 가치 평가에서 가장 많이 사용되는 지표가 PERPrice Earnings Ratio(주가 수익 배율)이다. 적정 주가는 주당 순이익EPS, Earnings Per Share에 PER를 곱해서 산출한다. PER가 100이면, 향후 100년분의 이익을 미리 당겨 현재 가치에 반영한 것이다. 그런데 첨단 기업들의 PER는 100이 기본이다. 200~300이나 되는 기업도 수두룩하다. 쉽게 말해 200~300년분의 이익을 미리 당겨 현재 가치에 반영해 주가를 계산한다는 것인데, 이 수치가 높다고 해서 현재 이익을 내고 있다는 뜻은 아니다.

실제로 PER가 높아도 적자를 내는 기업이 허다하다. 이 때문에 더 이상 PER로 기업 가치를 평가하는 것은 의미가 없다고 말하는 이들도 있다. 주가는 신神도 모른다는 말이 있다. 이 말 그대로 나스닥의 고高PER 기업 주가가 앞으로 더 올라갈지, 폭락할지는 아무도 모른다. 혹시 이런 기업에 투자하려면 1900년대 후반 IT 버블 당시에도 많은 닷컴 기업들의 PER가 지금처럼 무척 높았다는 점 또한 염두에 둬야 한다.

다만 4차 산업혁명으로 대별되는 기술의 발전이 시대의 흐름을 주도하며, 패러다임을 바꾼다는 점만큼은 부정할 수 없는 사실이다. 과거에는 10년이나 걸리던 변화가 지금은 1년이면 가능하다. 이로 인해 기술 혁신과 삶의 패러다임 변화를 주도하는 IT 기업은 당분간 강세를 유지할 것으로 보인다.

이런 상황이 그대로 증시에 반영되고 있는 것이다. 이들 나스닥 기업들이 전통 기업의 시가총액(주식 수에 주가를 곱한 수치), 즉 기업 가치를 가져가고 있다는 이야기다. 쉽게 말하자면 정유, 금융, 항공, 여행, 소매 등의 업종이 코로나 시대에 잃어버린 시가 총액을 10조 원으로 가정한다면, 이 시가 총액은 공중으로 사라진 게 아니다. 혁신적인 IT 기업과 바이오 기업이 그 10조 원을 가져갔다. 이른바 증시의 세대교체가 이뤄지는 것이다.

테슬라의 사례에서도 이 사실을 확인할 수 있다. 테슬라는 본연의 전기 차 사업 분야에서 여전히 적자를 면하지 못하고 있다. 이익은 탄소배출권 판매를 통해 얻고 있다. 그런데도 테슬라의 시가 총액은 2020년 말 기준으로 약 6,900억 달러다. 이미 연간 20조 원 이상 흑자를 내고 있는 세계 자동차 업계 세계 1위 기업인 토요타를 추월한 지 오래다.

| 한국이 미국 패턴을 따라가는 이유

우량주를 매입한 뒤 가격이 오를 때까지 기다려 팔면 돈을 벌 수 있다. 이런 게 주식 투자의 기본이라고 한다. 물론 맞는 말이다. 하지만 현실에서 그대로 이뤄지지는 않는다.

고수익을 기대해서 리스크를 감수하는 투자를 하기도 한다. 선물, 옵션과 같은 파생 상품이 대표적이다. 이런 파생 상품은 아주 짧은 시간에도 가격이 출렁거린다. 이 때문에 단타 매매가 주를 이룬다. 또 하나, 이런 파생 상품은 글로벌 증시, 그중에서도 특히 미국 증시와 밀접한 관련이 있다.

바로 이런 점 때문에 파생 상품 투자자들 중에는 밤잠을 설치는 이들이 꽤 있다. 미국과 한국의 시차 때문이다. 미국 증시가 문을 닫는 시간, 그러니까 한국 시간으로 새벽 3, 4시까지 미 증시를 챙기려다 보니 밤낮이 바뀌는 것이다. 내가 아는 한 투자자는 몇 달을 이렇게 하다 병이 났을 정도다. 그 투자자는 결국 새벽에 일찍 일어나서 미국 증시 동향을 체크하는 쪽으로 방향을 바꿨다고 한다. 그에게는 미국 증시 동향 체크가 하루 일과의 시작인 셈이다.

　한국 증시는 확실하게 미국 증시의 영향을 받는다. 그러니 미국 증시 동향을 모르면 한국 증시를 예측할 수 없다. 돈 좀 벌고 싶다면 미국 증시 흐름 정도는 익혀야 하는 이유다. 이렇게 된 이유에 대해 "이른바 한국과 미국 증시의 동조화coupling 현상이 2000년대 이후 더욱 공고해졌기 때문"이라고 분석하는 전문가들이 많다.

　동조화는 두 나라 증시가 마치 커플처럼 긴밀하게 연결돼 있다는 뜻이다. 2000년대 이후로 한국과 미국 증시가 마음 잘 맞는 짝처럼 움직이고 있다는 건데, 실제 그렇다. 미국 증시가 뛰면 한국 증시도 뛰고, 미국 증시가 폭락하면 한국 증시도 폭락하고 있다. 한국 자본 시장이 한국 내의 정치, 경제적 요인만으로 작동하는 게 아니란 이야기다.

　2000년대 이후 미국의 다우 지수와 한국의 코스피 지수 차트를 비교해 보면 이 점을 알 수 있다. 마치 약속이나 한 듯이 등락 시기가 비슷하다. 가장 최근, 그러니까 코로나 사태가 터진 2020년의 차트에서도 동조화 현상은 어김없이 나타나고 있다. 한국에서도 증시의 V자 반등은 똑같이 벌어지고 있다. 게다가 주가 상승을 견인하는 기업 또한 대부분 혁신 기업이다. 미국과 똑같은 현상이 나타나고 있는 것이다.

　한국 증시의 대표 종목은 삼성전자다. 삼성전자는 2019년 기준 매출액 230조 원, 영업이익 27조 7,000억 원을 기록했고 약 400조 원의 기업 가치를 인정받고 있다. 코로나 사태 이전에는 주가가 약 6만

2,800원까지 올랐다가, 3월 말 4만 2,300원으로 약 32% 떨어졌다. 다른 기업 주가가 50% 가까이 추락한 것에 비하면 선방했다. 하지만 다른 기업들이 코로나 이전 주가를 다 회복하고, 추가적으로 50% 이상 올라간 것에 비하면 초라한 성적이다. 2020년 4분기(10~12월)부터는 반도체 경기 호황 전망에 힘입어 주가가 빠르게 오르며 한국의 대표 기업 자리를 지키고 있으나 상승률은 뒤처진다.

그 기간 투자자의 관심은 네이버, 카카오, LG화학, 삼성바이오로직스, 셀트리온 등의 모바일 플랫폼, 바이오, 2차 전지 업종에 쏠렸다. 삼성전자도 IT 기업으로 분류되지만, 주력 사업은 반도체와 휴대전화, 디지털 가전 기업이다. 애플은 휴대전화를 만드는 회사에 머물지 않는다. 이제는 강력한 플랫폼 기업으로 성장하고 있다.

하지만 삼성전자는 하드웨어 기계를 잘 만드는 기업에 머물러 있다. 반도체는 주요 IT 기기의 핵심 부품이지만, 메모리 반도체에 집중돼 있고, 부가가치가 높은 비非메모리 반도체 분야는 아직 시장점유율이 미미하다. 물론 4차 산업혁명이 빠르게 진행되면서 전기 차와 자율 주행차, 클라우드, AI 등의 분야에서 반도체 수요가 폭발하고 있다는 점은 긍정적이다. 디지털 가전은 조금 비싼 가전제품일 뿐이다. 삼성전자는 꾸준하게 이익을 내며 성장하고 있기 때문에, 주가가 강력한 지지선을 구축하고 있어 크게 떨어지지는 않는다. 다만 세상의 패러다임과 인간의 삶의 방식을 변화시킨다는 측면에선 크게 어필하지 못한다.

이 때문에 삼성전자의 주가 상승은 다른 기업에 비해 상대적으로 부진한 편이다. 특히 삼성전자는 반도체 의존도가 지나치게 높고, 휴대전화와 디지털 가전 사업의 이익 기여도가 너무 낮다. 그래서 외국인 투자자들은 지속적으로 반도체 사업 부문의 분사를 요구하고 있다. 반도체가 별도 회사로 분할되면 시장에서 훨씬 더 높은 가치를 인정받을 것이라는 분석에 따른 것이다. 앞으로 어떻게 될지는 조금 더 지켜봐야 할 것 같다.

반면 카카오는 전 국민 메신저를 기반으로 쇼핑과 은행, 온라인 결제 등의 분야에서 기존에 없던 서비스로 혁신을 만들어 내고 있다. 삼성바이오로직스는 글로벌 시장에서 합성 의약품을 빠르게 대체하는 바이오 의약품 위탁 생산에서 독보적 입지를 구축했다. LG화학은 휘발유와 경유 등 내연 기관차를 대체하는 전기 차의 핵심 부품인 배터리 분야에서 중국 기업을 제치고 세계 1위 자리를 노리고 있다.

이런 기업들에 투자자의 관심이 집중된 것은 이상한 일이 아니다. 미국을 필두로, 세상의 패러다임을 바꾸며 트렌드를 이끌어 가는 기업에 주목해야 돈을 벌기 때문이다. 그러니 한국 증시도 미국 증시와 똑같은 현상이 나타나는 것이다.

| 증시와 실물경제의 괴리가 커진다

통상 주가는 기업의 실적, 즉 매출과 영업이익, 배당금 등을 반영하며 형성된다. 실물경제가 어려우면 주가도 떨어지고, 경기가 호황이면 주가는 상승하는 것이 일반적이다. 하지만 코로나 사태 이후 이런 '원칙'이 종종 깨지고 있다. 특히 미국에서는 '실물경제와 금융 시장의 괴리Disconnect between Main Street and Wall Street' 현상이 심화하고 있다.

실물경제 상황을 보여주는 가장 중요한 지표는 실업률이다. 사람들이 일을 해서 돈을 벌어야 자동차도 사고, 월세와 이자도 내고, 신용카드 결제도 하면서 소비를 한다. 소비는 다시 제품과 서비스 생산으로 이어지며, 경제의 선순환 구조를 만들어낸다. 미래 상황을 밝게 보면 소비가 활발하지만, 미래가 어두우면 저축을 더 많이 한다.

일반적으로 중앙은행은 물가 안정을 최대 과제로 삼는다. 그래서 '인플레이션 파이터Inflation Fighter'로 불린다. 하지만 미국 FRB는 내부적으로 물가 상승률이 아닌 실업률 안정을 정책 목표로 정한 지 오래다. FRB가 부르짖는 연간 물가 상승률 2% 유지는 지난 20여 년 동안 달성된 적이 한 번도 없다. 보이지도 않는 인플레와 싸우는 게 무의미하니 금리와 통화정책을 통해 경제 성장을 안정적으로 촉진하는 것에 무게 중심을 두겠다는 의중이 그대로 드러난다.

코로나 사태 이전인 2020년 2월 미국의 실업률은 3.5%였다. 일하기 싫어서 일하지 않는 사람을 제외하면 완전 고용에 가까운 수준이다. 경제 봉쇄 조치 여파가 본격적으로 밀려오면서 실업률이 가파르게 상승했다. 바로 두 달 후인 4월 실업률이 무려 14.8%로, 제2차 세계 대전 이후 최고 수준이었다. 그 수치가 점차 낮아져

12월에 6.7%로 떨어졌다.

2020년 미국의 실업률 추이

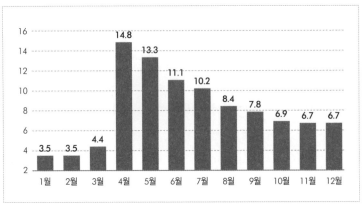

출처: 미국 노동부
https://ko.tradingeconomics.com/united-states/unemployment-rate

코로나 사태가 본격화하면서 4월 실업률은 제2차 세계 대전 이후 최고 수준인 14.8%까지 치솟았다. 10월에 6.9%로 떨어진 후 11월과 12월에는 6.7%까지 낮아졌다.

실업률 상승을 조금 잡은 것 같지만 문제는 남아있다. 코로나 사태로 해고된 2,300만 명 가운데 1,000만 명이 여전히 일자리를 얻지 못하고 있다. 이들은 대부분 관광, 레저, 여행, 소매, 엔터테인먼트 등의 분야에 종사하는 중산층 이하 근로자들이고, 해고된 지 6개월이 넘었다. 코로나 사태가 진정되고 그 이전의 상태로 돌아가지 않는 한, 일자리를 다시 얻기 어려울 거란 전망이 많다. 일각에서는 코로나 사태가 끝나도 4차 산업혁명과 기술 발전의 '부작용'으로 이들이 재취업하기는 어려울 거라고 어둡게 전망하기도 한다.

소비 심리도 여전히 위축돼 있다. 미국 미시건 대학이 발표하는 월별 소비자 심리 지수는 여전히 80 수준에 머물고 있다. 이 소비자 심리 지수의 기준치는 100이다. 100을 넘어야 미래의 소비를 늘린다는 의미다. 미래에 대한 불안감이 아직도 팽배하다는 걸 그대로 보여주는 것이다.

이처럼 실물경제는 여전히 어려운데, 증시는 이미 코로나 사태를 극복한 것처럼 보인다. 이 대목에서 명심하고 넘어가야 할 사실이 있다. 금융 시장과 실물경제가 상당히 독립적으로 움직일 수 있다는 점이다. 특히 투자를 계획하는 독자라면, 앞으로 실물경제 지표에 너무 얽매일 필요가 없다. 그것보다는 미국 정부와 중앙은

2020년 3월~2021년 1월 미국 월별 소비자 심리 지수 추이

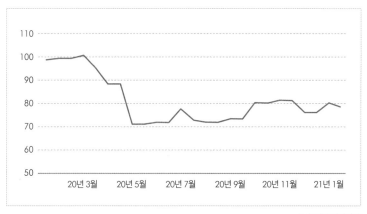

출처: 미국 미시건대
https://kr.investing.com/economic-calendar/michigan-consumer-sentiment-320

2020년 3월까지는 가까스로 100 이상을 유지했지만 이후 추락했다. 2021년 1월에도 80에 불과하다. 아직도 미래에 대한 불안감이 커 소비 심리가 살아나지 않고 있음을 알 수 있다.

행의 움직임을 주시하는 것이 나을 수도 있다.

| 위기를 기회로 바꾼 투자의 신들

위기를 기회로 바꾸는 투자자는 항상 존재한다. 2008년 서브 프라임 모기지 사태 당시, 마이클 베리Michael Bury는 부동산 버블의 붕괴를 정확히 예상해 엄청난 수익을 올렸다. 영화 〈빅 쇼트Big Short〉의 실제 주인공이 바로 마이클 베리다.

2006~2007년 미국의 주거용 부동산 가격이 미친 듯이 치솟을 때, 그는 부동산 가격이 너무 비싸게 형성됐다고 생각했다. 월가의 많은 투자은행들이 '집값은 절대 떨어지지 않는다'는 믿음에 휩싸여 있던 시절이었다.

은행들은 우수 등급prime 대출과 비非우수 등급sub-prime 대출을 섞어서 채권을 발행했고, 이 채권의 신용등급 평가 역시 매우 허술했다. 심지어 대출 실적을 채우기 위해 노숙자homeless 이름을 빌려 허위로 대출 서류를 작성하기도 했다. 더 놀라운 사실은 이 대출이 모두 '정상' 대출로 분류돼 있다는 점이었다. 사실상 사기 행각이 벌어지고 있던 것인데, 영화 속의 신용 평가 담당 애널리스트는 이렇게 말한다.

"우리가 채권의 신용등급을 낮게 평가하면, 고객들이 경쟁사에서 좋은 신용등급을 받아옵니다. 저희는 고객을 잃고, 그럼 저도 해고됩니다. 그런데 왜 제가 대출 자산을 꼼꼼히 살펴봐야 하나요?

사실 채권은 부도만 안 나면 되는 거 아닌가요?"

마이클 베리는 현실을 제대로 보려 했다. 그가 이끄는 투자 팀의 애널리스트는 채권에 포함된 모기지 대출을 받은 사람을 직접 만나 인터뷰했다. 결과는 참담했다. 식당 종업원과 주차장 세차 직원 등 연간 소득이 3만 달러도 안 되는 사람들이 대출만으로 7~8만 달러짜리 집을 2, 3채씩 샀다.

사기에 가까운 대출이 만연했다는 사실을 깨달은 마이클 베리는 부동산 시장의 붕괴를 예상했다. 그는 월가 은행들이 발행한 모기지 담보 대출 채권의 부도 가능성에 크게 베팅했다. 영화 제목 '빅 쇼트'는 '가격 하락에 크게 베팅한다'는 뜻이다. 그의 예상대로 부동산 버블이 터지면서 월가 은행들은 파산에 직면했고 수많은 중산층과 서민들이 길거리로 쫓겨났다. 하지만 그는 수천억 원을 벌었다.

코로나 사태를 맞았을 때도 예외는 아니었다. 누구나 알고 있는 것처럼 코로나 사태는 21세기 이후 최대의 경제 위기를 불러왔다. 워렌 버핏, 짐 로저스, 칼 아이칸 등 투자의 전설로 여겨지던 노장들이 줄줄이 큰돈을 잃으며 헤매는 모습을 보였다. 바로 그때 비교적 젊은 50대의 투자자가 혜성처럼 떠올랐다.

바로 퍼싱 스퀘어 캐피탈Pershing Square Capital의 CEO인 빌 애크먼이다. 그는 칼 아이칸과 함께 '행동주의 투자자shareholder activist'로 유명하다. 일반 투자자들은 시세 차익을 주로 노린다. 하지만 행동주의 투자자들은 저평가된 상장 기업의 주식을 대량으로 매입한 후, 경영진에게 자산 매각과 기업분할, 현금 배당 확대 등을 요구한다. 이를 통해 주가를 끌어올린 후 매각해 수익을 얻는다.

한국이 행동주의 투자자들의 무대가 되기도 했다. 대표적인 게 미국 엘리엇 펀드다. 엘리엇 펀드는 삼성물산 주식을 대량 매입해 옛 제일모직의 합병에 반대했다. 그때 시작된 소송은 아직도 끝나지 않았다. 엘리엇 펀드는 현대자동차 그룹이 현대모비스를 분할하며 사실상 지주회사 체제로 전환하려 할 때도 '행동'을 개시했다. 이미 현대모비스 주식을 대거 매입한 엘리엇 펀드는 회사 분할 안건에 반대했고, 결국 현대모비스의 지주회사 전환은 무산됐다.

코로나 사태가 터지자 빌 애크먼은 어떻게 했을까? 일단 그는 미국 경제가 심각한 타격을 입을 것으로 예상했다. 특히 항공, 여행, 관광, 소매 등 업종의 기업들이 제대로 사업을 하지 못할 것이고, 따라서 이 기업들이 발행한 회사채 부도가 늘어날 것을 직감했다. 그는 2020년 3월 초 미국 기업 회사채의 신용 부도 스와프CDS, Credit Default Swap를 매입했다.

기업이 부도를 내면 투자자들은 채권이나 대출 원리금을 돌려받지 못할 수도 있다. CDS는 이 위험에 대비한 파생 상품으로, 일종의 보험과 비슷하다. 기업 부도를 전제로 하는 것이기에 부도가 나지 않으면 CDS 투자자는 그만큼 손해를 본다. 이를테면 자동차 사고에 대비해 1년에 보험료를 100만 원 냈다 치자. 사고가 나면 피해 정도에 따라 최대 1억 원 이상의 보상금을 받을 수 있다. 하지만 사고가 나지 않으면 100만 원은 그대로 보험사가 갖는다.

애크먼이 매입한 CDS의 규모는 상당히 컸다. 5년에 걸쳐 매달 2,700만 달러, 1년으로 치면 3억 2,400만 달러를 지급하는 CDS였다. 코로나 사태가 터지기 이전의 CDS 가격은 회사채 금액의 약 0.5%였다. 그러니 대략 648억 달러에 이르는 규모의 회사채가 부도나는 데 대한 보험을 든 셈이다.

결과는 어땠을까? 애크먼의 예상이 적중했다. 신종 코로나 바이러스의 직격탄을 맞은 기업의 회사채가 부도나기 시작했다. CDS 가격은 급등했다. 3월 말 애크먼은 보유한 CDS를 모두 팔았다. 이때 거둔 수익은 26억 달러. 단 한 달 사이에 100배 수익을 남긴 것이다.

코로나 사태로 이처럼 금융 시장은 한 치 앞을 내다볼 수 없는 형국이 돼 버렸다. 사실 그는 과거에도 유명한 투자자였다. 2015년 미국의 경제 매거진 포브스가 그를 세계 최고 투자자 가운데 한 명으로 꼽으며 '베이비 버핏Baby Buffet'이라는 찬사를 보낼 정도였다. 하지만 그 또한 많은 실패를 경험한 인물이다. 투자 실패로 회사 문을 닫은 적도 있다. 이번 CDS 투자는 적중했으나, 앞으로도 그럴지는 아무도 모른다.

흥미로운 대목이 있다. 〈빅 쇼트〉의 주역 마이클 베리가 2020년 말 미국 테슬라의 기업가치가 지나치게 높게 평가됐다며, 테슬라 주식에 대해 쇼트short를 쳤다. 한국으로 치면 '공매도'에 나선 것이다. 공매도는 주식을 빌려 투자를 하는 방식이다. 예를 들어 주식 1만 주를 빌려서 주당 10달러에 팔았다가, 3개월 후에 주가가 8달러로 떨어졌을 때 1만 주를 사서 갚는 방식이다. 주가가 떨어지면 돈을 벌지만 주가가 오르면 큰 손해를 본다. 월가는 마이클 베리의 예측이 이번에도 맞을지, 아니면 실패한 도박으로 끝날지 관심 있게 지켜보고 있다.

3

한국 부동산 시장도
미국 따라간다

"미국은 땅이 넓어. 뉴욕이나 로스앤젤레스, 시카고 같은 메트로폴리스를 제외하면 내 집 하나쯤은 쉽게 마련할 수 있지 않겠어? 그러니 집값이 요동친다 한들 우리나라에 비할 바 있겠어?"

지인이 내게 한 말이다. 절반은 맞고, 절반은 틀렸다. 미국인의 집에 대한 애착은 한국인에 결코 뒤지지 않는다. 미국에는 만기 20~30년 이상의 장기 모기지 담보 대출 상품이 잘 발달해 있다. 이 상품은 한국으로 치면 장기 주택 담보 대출과 비슷하다. 목돈이 없는 사람들이 주택을 구입할 때 초기 자금을 확보하는 수단이다.

한국에서도 대출을 받지 않고 아파트를 사는 것은 거의 불가능하다. 이 점만 놓고 봐도 두 나라의 부동산 시장은 비슷하게 움직인다는 사실을 어렴풋이 알 수 있다. 실제로 미국 부동산이 오를 때 한국도 올랐고, 미국 부동산이 떨어지면 한국도 떨어졌다. 두 나라의 부동산 시장이 꽤나 닮았다는 이야기다.

| 주거용 부동산 오르고 대도시-상업용 부동산 떨어졌다

2020년 한국에서는 부동산, 특히 아파트의 가격이 폭등해 심각한 사회 문제가 됐다. 미국에서도 비슷한 현상이 일어났다. 전반적으로 주택 가격이 상승한 것인데, 굳이 한국과 다른 점이 있다면, 모든 지역에서 이런 현상이 나타나지는 않았다.

원래부터 미국은 영토가 큰 탓에 지역별 부동산 가격 편차가 상당히 크다. 세계 최대의 메트로폴리스인 뉴욕의 예를 들자면 지방 소도시에 비해 최대 10배 이상 집값이나 월세가 비쌌다.

최근 이런 상황에 변화가 생겼다. 물론 아직도 대도시의 부동산 가격이 비싸다. 하지만 전통적으로 가격이 비쌌던 뉴욕, 워싱턴, LA, 샌프란시스코, 시카고와 같은 대도시의 집값과 월세가 크게 떨어졌다. 반면 대도시에서 승용차로 30분~1시간 떨어진 교외 지역과 메인주, 아이다호주, 애리조나주, 유타주, 뉴햄프셔주 등 면적이 넓은 지역의 부동산 가격은 많이 올랐다. 이처럼 대도시의 부동산 가격이 떨어진 것은 무엇보다 코로나 사태의 영향으로 볼 수 있다.

첫째, 무엇보다 신종 코로나 바이러스를 피하고 싶다는 심리가 반영됐다. 뉴욕은 미국 전체를 통틀어 감염자와 사망자가 가장 많은 도시 중 하나다. 수많은 사람들이 밀집된 공간에 살다 보니 바이러스가 빠른 속도로 퍼졌다. 시민들은 바이러스에서 벗어나기 위해 주택을 팔고 도시를 탈출했다. 팔리지 않으면 아예 비워 놓은 경우도 많았다.

그들은 도시에서 조금 떨어진 외곽에 집을 사거나, 새로 집을 지었다. 그러다 보니 신규 주택 건설 수요가 많아졌다. 미국은 나무로 집을 많이 짓는데, 그 결과 주택용 목조lumber 가격이 코로나 사태 이전에 비해 2배 이상으로 뛰었다.

둘째, 대도시에서 시위와 폭동 사태가 잇달았다. 이를 경험한 시민들은 생명의 위협을 느꼈고, 그 결과 도시를 탈출했다. 2020년 5월 미네소타주에서 비무장 상태였던 흑인 남성 조지 플로이드가 백인 경찰의 가혹 행위로 숨지는 사건이 발생했다. 인종 차별과 경찰의 가혹 행위에 분노한 시민들의 시위와 폭력 사태가 이어지면서, 도시의 치안이 거의 마비 상태에 이르렀다. 당시 도날드 트럼프 전 대통령이 이 사건에 대해 미온적 반응을 보이면서 시위는 더욱 격화됐다. 미국에서 백인 경찰의 흑인 시민에 대한 과잉 대응은 어제오늘의 일은 아니다. 하지만 코로나 사태에 미국 대선까지 겹치면서 과거보다 훨씬 민감하게 끓어올랐다. 코로나 사태의 피해가 노인뿐만 아니라 흑인과 히스패닉, 아시아 등 비非백인들에게 집중되면서 심각한 소외감을 느낀 흑인들의 사회적 불만이 폭력 사태로 이어졌다. 또한 미국 대선에서 트럼프 전 대통령 지지자와 반대파가 격렬하게 이념 대결을 벌이면서 사태는 더욱 악화됐다.

셋째, 직장인들도 대도시를 떠나기 시작했다. 앞에서 언급한 바 있는데, 이는 재택근무의 시행에 따라 나타난 새로운 현상이다.

재택근무를 할 수 있는데 굳이 비싼 월세를 내며 위험한 도심에 집을 유지해야 할 필요가 없어졌다. 직장인들은 도심 인근으로 주거지를 옮겼다.

이런 흐름은 살인적인 물가로 유명한 실리콘 밸리에서 쉽게 찾아볼 수 있다. 직장인들은 실리콘 밸리의 중심부를 떠나 교외 지역이나 인근 캘리포니아 소도시로 이사했다. 월세도 싸고 환경도 더 쾌적하니 만족도도 높아졌다.

부동산 가격 변화에서 또 하나의 특징을 찾을 수 있다. 어떤 용도의 건물이냐에 따라 가격 등락이 결정됐다는 점이다. 경기가 좋지 않으니 사무실과 상가, 호텔, 쇼핑몰을 비롯한 상업용 부동산은 치명타를 맞았다. 코로나 사태 이후 사무실과 상가, 호텔, 쇼핑몰 등의 약 90%가 영업을 중단하며 문을 닫았기 때문이다. 게다가 재택근무 확산으로 사무실 임대는 점점 줄었다. 반면 주거용 주택 가격은 빠르게 올랐다.

한국에서도 똑같은 현상이 일어나고 있다. 한때 외국인, 내국인 할 것 없이 쇼핑객들로 북적이던 서울 명동 거리를 가 보면 이 현상을 실감할 수 있다. 휴업 혹은 폐업 간판을 내건 상가가 수두룩하다. 연인들이나 젊은이들이 많이 찾던 명물 거리도 사정은 비슷하다. 썰렁하다 못해 좀 과장해서 유령 도시를 방불케 할 정도로 변해 버렸다. 이런 와중에도 아파트, 다세대, 빌라 가릴 것 없이 주거용 주택의 가격은 천정부지로 치솟고 있다.

| 수요-공급의 법칙 따라 부동산 가격 상승

다시 미국의 이야기를 좀 더 해 보자. 미국 주택건설협회NAHB 자료에 따르면 미국 주택 시장은 2020년 3, 4월에 잠시 하락했다가 5월에 회복하기 시작했다. 8월 무렵부터는 코로나 사태 이전의 가격을 넘어서며 강한 상승세를 보였다.

국제적 신용평가기관인 무디스 애널리스틱스Moody's Analytics가 미국 연방주택금융청FHFA 자료를 분석한 결과에서도 주택 가격 상승세가 확연히 드러난다. 2020년 2분기(4~6월)에도 가격은 올랐고, 3분기에는 상승폭이 더 커졌다. FHFA는 미국인이 연방 정부가 짓는 집을 살 때 필요한 자금을 대출해 주는 기관으로, 한국의 주택금융공사와 비슷하다.

미국의 주택 가격 상승을 확인할 수 있는 또 다른 자료가 있다. 한국의 공인중개사협회와 비슷한 전미 부동산협회National Association of Realtors에 따르면 5월에 28만 3,600달러에 거래되던 미국 중위권 주택 가격이 9월에는 31만 1,800달러로 뛰어올랐다. 대공황 이후 최대 위기라는 한탄이, 적어도 주택 분야에서는 적용되지 않는 것이다.

상식적으로 이해할 수 없는 이런 현상이 한국에서도 나타나고 있다. 놀랍게도 한국의 부동산 시장과 미국의 부동산 시장이 거의 같은 모양새로 움직이고 있다. 다만 우리가 그 사실을 인식하지 못할 뿐! 특히 한국에서는 미친 집값이라는 말이 나올 정도로, 미국보다 아파트 폭등세가 훨씬 심각하다.

도대체 두 나라에서 왜 이런 일이 일어나는 것일까? 우선 미국의 사례부터 살펴보는 게 좋을 듯하다. 미국의 경우 수요와 공급의 법칙이 부동산 시장에서 그대로 작동하기 때문이라는 분석이 많다.

공급 측면에서 보자면, 일단 집을 팔려는 사람들이 크게 줄었다. 미국에서는 집을 팔려면 부동산 중개회사에 집을 등록해야 한다. 그렇게 하면 중개인이 집을 사려는 사람과 함께 집 안 구석구석 둘러본다. 하루에 많게는 10명, 20명이 방문하기도 한다. 실제 매매계약이 이뤄지기까지 짧게는 2주, 길게는 몇 주씩 걸린다. 집을 팔려는 집주인은 이러한 불편함을 감내해야 한다. 코로나 사태 이후에 이러한 매도 물량inventory이 확 떨어졌다. 미국부동산협회 자료에서도 이 점을 확인할 수 있다. 4, 5월에는 매도 물량이 많았는데, 6월부터 급격히 줄어들어 1년 전에 비해 매도 물량이 18.2%나 감소했다. 이러한 추세는 2020년 말까지 계속됐다.

이는 이사 계획을 포기하고 현재의 집에 눌러사는 미국인이 많아졌기 때문에 나타난 현상이다. 물론 코로나 사태와 직접적으로 관련이 있다. 집을 팔려면 매수 희망자에게 집을 보여줘야 하는데, 이 과정에서 코로나 바이러스가 옮을지도 모른다. 바로 이 불안감 때문에 이사 계획을 접은 사람이 많다는 뜻이다.

사실 주택 가격을 결정하는 큰 요인 중 하나가 매도 물량이다. 전체 공급 물량이 아무리 많아도 시장에 나오지 않는다면 가격에 큰 영향을 미치지 못한다. 금값이 아무리 올라도 집 안에 금송아지를 꽁꽁 숨겨만 두면 돈을 벌 수 없는 것과 같은 이치다. 매도 물량이 늘어야 투자 목적이든, 투기 목적이든, 실제 거주하려는 목적이든 거래가 이뤄지는 법이다. 팔겠다는 사람이 적으니 주택 가격이 오르는 것은 당연한 일이다.

수요 측면에서 보자면 무엇보다 낮은 금리를 꼽을 수 있다. FRB가 기준 금리를 제로 수준으로 낮추면서, 주택 담보 대출 금리가 사상 처음으로 3% 밑으로 떨어졌다. 금리가 떨어지면 매달 갚아야 할 대출 원금과 이자 비용이 줄어든다. 그러니 조금 무리하더라도 주택을 사려는 수요자들이 많아진다. 수요가 많으니 주택 가격은 상승할 수밖에 없다.

미국에는 15년, 20년, 30년 만기의 장기 모기지 대출 시장이 발달해 있다. 처음에 집값의 10~20%만 내고 나머지 80~90%는 오랜 기간에 걸쳐 원리금을 갚아 나간다. 이때 대출 금리가 주택 구매자로서는 무척 중요한 요소다. 20만 달러를 대출받았는데, 대출 금리가 3.5%에서 3%로 낮춰졌다고 가정하면, 연간 1,000달러(약 110만원)를 절약할 수 있다. 이런 상황 때문인지 미국에서는 생애 첫 주택 구입자first home buyer의 숫자가 코로나 사태 이전이나 이후나 거의 변동이 없다.

이런 상황은 한국과는 사뭇 다르다. 한국에서는 아파트값 상승을 막기 위해 대출을 옥죄고 있다. LTVLoan to Value 규제가 강화되면서 집값의 약 40%만 대출 받을 수 있다. 물론 그렇게 강공 드라이브를 해도 한국에서는 미친 부동산 폭등을 잡지 못하고 있다. 두 나라의 정책 중에 어느 쪽이 서민에게 도움이 되는지는 잘 따져봐야 한다.

| 금리와 부동산 시장의 상관관계

이쯤에서 금리와 유동성의 메커니즘에 대해 조금 더 알아둘 필요가 있다. 한국과 미국에서 똑같은 부동산 가격 흐름이 나타나는 이유는 금리와 관련이 크기 때문이다.

주택 공급량과 매도 물량에 따라 부동산 가격이 결정되는 것은 당연한 일이다. 주택이 많이 공급되고 매물이 쏟아진다면 아파트 가격은 떨어질 테고, 지금처럼 서민들이 아파트를 구하겠다고 '영끌'하는 일도 없을 것이다. 하지만 현실은 그럴 수 없다. 한국에서는 모든 이들이 원하는 목 좋은 땅에 아파트를 지을 만큼 좋은 부지가 많지 않다. 미국도 우리와 상황은 크게 다르지 않다. 시골로 가면 좋은 땅은 많지만 도심은 그렇지 못하다. 그러니 슬럼가에라도 아득바득 몰려드는 것이 아니겠는가.

하지만 주택 공급량보다 부동산 시장을 움직이는 더 중요한 요소는 바로 금리다. 금리를 결정하는 요소는 다양한데, 기본적으로는 중앙은행의 기준 금리가 바로미터 역할을 한다. 미국의 경우 중앙은행 격인 FRB가 금리를 결정한다. 경기가 너무 좋아서 물가 상승 우려가 있으면 기준 금리를 올린다. 금리를 올리면 개인이든 기업이든 돈을 쓰기가 쉽지 않다. 그러니 돈이 덜 돌게 된다. 이렇게 해서 경제를 진정시킨다.

반대로 경기가 침체돼 소비와 투자가 모두 줄어들고 물가도 떨어질 것으로 예상되면 기준 금리를 내린다. 앞에서 말한 대로 금리가 내려가면 돈을 가져다 쓰는 개인과 기업이 늘어난다. 소비와 투자 모두 증대시킬 수 있다.

경제 위기 상황에서 중앙은행이 금리를 내리면서 늘어난 돈은 주식과 채권 등 금융 시장뿐만 아니라 부동산 시장에도 그대로 흘러 들어간다. 1차적으로는 대출 금리가 낮아지기에 돈을 빌리는 비용도 동시에 낮아진다. 그러면 무리해서 대출을 끼고 집을 사려는 사람이 많아진다. 이는 부동산 시장의 수요에 엄청난 영향을 미친다. 특히 주택 공급량이 부족해진 상황에서는 더욱 그러하다. 중앙은행의 기준 금리 조절은 국채, 기업의 회사채, 금융회사의 금융채, 부동산 담보채권MBS 등 모든 채권의 금리뿐 아니라 주택 담보 대출 금리에도 반영된다. 모든 금융 상품이 서로 얽혀 있어, 기준 금리가 주택 담보 대출 금리에 영향을 미치는 것은 순식간이다.

미국과 한국의 기준 금리가 거의 비슷하게 움직이면서 두 나라의 부동산 시장도 비슷하게 움직이고 있다.

미국은 IT 버블 이후 경기 회복을 위해 금리를 대폭 낮췄는데, 주식 시장뿐만 아니라 부동산 시장의 분위기도 좋아졌다. 소비자들은 금리 인하의 혜택을 넉넉히 누렸고, 부동산 가격은 지속적으로 올랐다. 그러자 이번에는 지나치게 기준 금리가 낮아 주식과 부동산 등 자산 시장에 거품이 형성되고 있다는 지적이 나왔다. 충분히 일리 있는 지적이었다. FRB는 즉각 대책 마련에 나섰다. 2004년 하반기부터 금리를 올리기 시작했다. 약 3년 동안 지속적으로 이런 작업을 했으며 그 결과 2007년 중반 기준 금리는 5.25%까지 올랐다.

흥미로운 점은, 비슷한 시기에 한국에서도 똑같은 정책이 나타났다는 사실이다. 한국에서도 부동산 가격이 상승하기 시작했고, 이 상승폭을 둔화시킬 필요가 있었다. 한국은행도 기준 금리를 올림으로써 부동산 가격을 잡았다. 2003년 노무현 정부가 출발하면서 시작된 아파트 가격 상승의 돌풍을 잠재운 주역은 종합부동산세와 재산세 등 보유세 인상과 투기지역 지정 등 각종 부동산 규제가 아니라 금리 인상이었다. 결국 금리가 부동산 시장을 좌우하는 셈이다.

| 2012년 이후 한-미, 동시에 부동산 상승세

미국 부동산 가격은 1990년대에 꾸준히 올랐다. 미국 경제를 강타한 2000년 이른바 IT 버블 때도 부동산 가격은 폭락하지 않았다. 하지만 2008년의 경제 위기 때는 폭락했다. 당시 경제 위기의 근본 원인이 바로 집값 거품이었기 때문이다.

그래프를 보면, 2006년에 미국 주택 가격이 정점을 찍었다는 사실을 알 수 있다. 이후 주택 가격은 서서히 하락했고, 2008년 폭락한 것이다. 그러니까 이미 2006년에 미국 부동산 시장에는 위기의 징후가 나타났다는 뜻이 된다. 모두 애써 외면했을 뿐.

2000년 이후 미국과 한국의 주택 가격 지수 추이

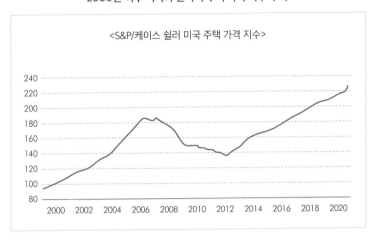

<S&P/케이스 쉴러 미국 주택 가격 지수>

<한국 아파트 매매 가격 지수>

출처: 미국 S&P/케이스 쉴러, 한국감정원

미국의 주택 가격 지수 그래프와 한국의 아파트 매매 가격 지수다. 두 나라 모두 글로벌 경제 위기가 시작된 2008년 이후 부동산과 아파트 가격이 하락하기 시작했다. 징후가 그 전에 나타난 미국은 2006년부터 가격이 하락했다. 두 나라 모두 2020년에는 부동산이 크게 상승했다.

미국 부동산 시장의 혹독한 시련은 2011년까지 이어졌다. 2012년이 돼서야 바닥을 찍고 회복세로 돌아섰다. 그다음부터는 큰 위기 없이 흘러갔다. 예년 수준을 회복했고 상승세가 지속적으로 이어졌다. 코로나 사태가 터진 2020년 초, 부동산 가격은 폭락할 것이란 우려 섞인 전망이 나왔다. 하지만 이 전망은 빗나갔다. 오히려 부동산 가격 상승폭은 더 커져 가고 있다.

이쯤에서 한국의 아파트 매매 가격 지수 그래프도 들여다보자. 한국은 2003년 11월부터 정부의 공식 통계가 집계됐다. 그러니 1990년대를 직접 비교할 수는 없다. 다만 2003년 이후의 상황을 토대로 유추할 수는 있다.

이 그래프를 보면 전국의 아파트 매매 가격 지수는 2003년 이후 지속적으로 올랐다. 매매 가격 지수가 100인 시점이 2017년 11월이다. 그 전의 상황을 보면 전체적으로 서서히 상승하는 것을 알 수 있다.

다만 세부적으로 보면 2008년 9월이 특히 눈에 띈다. 이때 매매 가격 지수는 84였다. 하지만 이내 하락하기 시작했다. 2008년 시작된 미국발 글로벌 경제 위기의 여파로 해석할 수 있다. 매매 가격 지수는 2009년까지 하락했고, 81.7에서 저점을 찍었다.

글로벌 경제 위기가 조금씩 해소되면서 국내 아파트 매매가도 반등하기 시작했다. 2010년 9월에는 84.5를 기록하며 1년 전인 2008년 9월 수준을 완전히 회복했다. 이어 지속적으로 아파트 매매가가 상승했다. 2020년 10월 기준으로 104까지 치솟았다.

미국과 마찬가지로 대한민국에서도 코로나 사태가 아파트 가격의 변수가 되지 못했다. 한국 정부는 부동산과의 전쟁을 선포했다. 무려 25회 이상 아파트 가격 안정 대책을 내놓았지만 시장은 꿈쩍하지 않았다. 미친 집값은 좀처럼 잡히지 않고 있다. 그런 상황은 한 해가 지난 2021년 지금까지도 이어지고 있다.

물론 세부적으로 보면 한국과 미국의 부동산 시장이 완전히 같은 방향으로 가지는 않는다. 두 나라가 처한 정치, 경제, 문화적 상황이 다르기 때문이다. 부동산 분야에서 하나의 예만 들더라도, 우리의 전세에 해당하는 주거 형태가 미국에는 없잖은가? 한국에서는 중·고교 신학기가 시작되기 직전 아파트 가격이 높아지는 것도 미국과 다르다면 다른 점이다.

이처럼 부동산 가격이 변동하는 시기와 폭은 차이가 날 수 있다. 하지만 전체적 흐름을 보면 대체로 비슷하게 움직인다. 미국의 경제 상황, 그리고 미국으로부터 촉발된 글로벌 경제 상황이 한국의 부동산 시장에 은밀하게 영향을 미치는 것이다.

| 부동산과 금융의 결합

한국의 부동산 시장이 미국의 움직임을 따라간다는 것은, 그만큼 미국 시장의 영향을 많이 받는다는 뜻이기도 하다. 실제로 한국의 부동산 시장은 이미 글로벌 시장에 상당히 노출돼 있다. 이는, 유동화 혹은 증권화securitization가 빠르게 진전됐기에 가능했던 일이다.

글로벌 금융 시장을 석권해온 미국은 아주 오래전부터 부동산 상품을 유동화했다. 유동화는 부동산을 비롯해 고정 자산을 주식과 채권 형태로 전환해서 쉽게 사고팔 수 있도록 만든 것이다. 부동산을 한번 매매하려면 소유권 이전과 등기, 세금 납부 등의 절차를 밟아야 하고 중개 수수료와 취·등록세 등 거래 비용도 비싸다. 하지만 부동산을 주식 또는 채권 형태로 바꾸면 쉽게 사고팔 수 있다.

은행은 대출 상품을 모아 다양한 금융 상품으로 전환해 투자자에게 판다. 2008년 글로벌 금융 위기 당시 미국의 주택담보대출을 채권 형태로 유동화해서 전 세계 투자자에게 팔았고, 그 결과 미국뿐만 아니라 글로벌 경제가 휘청거렸다.

한국도 부동산의 금융화 흐름을 따라가고 있다. 주택 담보 대출이 채권 형태로 바뀌어서 투자자에게 팔리고 있다. 2019년에는 주식으로 전환된 상품도 나왔다. 바로 리츠REITs, Real Estate Investment Trusts다.

리츠는 오피스 빌딩을 비롯해 임대 수익이 안정적인 부동산에 투자해 그 이익금을 배당 형식으로 투자자에게 나눠주는 금융 상품이다. 주가 상승률은 낮지만 하락 가능성이 낮고, 은행 금리보다 높은 안정적인 배당 수익을 얻을 수 있어서 퇴직자들에게 인기다. 리츠는 이제 오피스 빌딩을 넘어서 백화점과 할인점, 물류 센터까지 투자 대상에 포함하고 있다. 대표적으로 롯데그룹이 2019년 롯데백화점과 롯데마트의 매장을 기초 자산으로 리츠를 발행해 상장했으며, 현재 증시에서 거래되고 있다.

사정이 이렇다면 미국의 주식과 부동산, 채권 시장의 흐름을 잘 살펴야 돈을 벌 수 있다는 결론이 나온다. 맞다. 다만 '현상'에 속아서는 안 된다는 이야기를 하고 싶다. 무슨 말인고 하니, 주식과 부동산, 채권 등 자산 시장은 모두 금리와 유동성의 영향을 많이 받는다는 점을 강조하려는 것이다. 금리는 누가 결정할까? 형식상으로는 중앙은행이지만, 정부의 입김을 무시할 수 없다. 특히 평소와 달리 경제 위기 상황에서는 중앙은행과 정부가 긴밀하게 협력한다.

명백한 사실 한 가지. 세계 금리 정책의 주도권을 미국이 쥐고 있다는 것이다. 미국의 중앙은행인 FRB는 '세계의 중앙은행'이라고 불린다. FRB가 미국의 금융 시장 패권을 기반으로 금리를 포함한 통화 정책을 결정하면 다른 주요 국가들은 따라갈 수밖에 없다. 한국도 예외는 아니다. 당연히 따라야 한다. "미국이 기침을 하면 한국은 감기에 걸린다." 이 말은 농담처럼 들리지만 농담이 아닌 현실이다.

재테크에 관심이 있는가? 그렇다면 무턱대고 투자할 일이 아니다. 한국 주식과 부동산 투자에서 돈을 벌려면 미국 정부와 FRB의 움직임을 예의 주시 해야 한다. 그래야 돈의 흐름을 이해할 수 있다.

| 미국 정부, 시장 붕괴 막으려 시장 개입

미국은 2020년 주택 가격이 꾸준히 상승했지만, 미쳤다고 할 정도로 폭등하지는 않았다. 이 점은 한국과 약간 다르다. 두 나라의 문화적 차이에서 비롯된 것이기도 하지만 정부 정책과도 밀접한 관련이 있다.

미국 정부는 부동산 정책 또한 경기 부양과 연관 지어 생각한다. 수요와 공급이 적절하게 조화를 이루면서 시장 기능이 정상적으로 작동하도록 하는 게 가장 큰 목적이다. 이것이 자본주의의 기본 원리이기 때문이다.

만약 경제 위기를 맞아 시장 자체가 무너지면, 공포가 시장을 지배하게 된다. 이 경우 수요와 공급의 원리는 작동하지 않는다. 미국 정부가 부동산 시장에 개입한 이유가 여기에 있다. 코로나 사태 이후 자칫 부동산 시장이 붕괴할 수 있다는 판단하에 수요와 공급을 조절한 셈이다. 실제로 이런 미국 정부의 노력 덕분에 코로나 사태 이후 미국 경제의 붕괴를 막을 수 있었다는 평가도 나오고 있다.

미국 정부는 부동산 정책에서 서민의 주거 안정에 상당히 많은 비중을 뒀다. 코로나 사태 이후 소득 감소 때문에 집에서 쫓겨나지 않도록 여러 조치를 취했다.

2020년 3월 말 시행된 경기부양책CARES Act에 포함된 모기지 원리금 상환 연장Mortgage Forbearance 프로그램이 대표적이다. 주택 담보 대출을 받은 사람이 별도의 증빙 서류 없이 "코로나 때문에 지금 원리금을 낼 여력이 없다"고 신청만 하면 원리금 상환을 6개월에서 최대 1년까지 연기해 주는 프로그램이다. 다만 민간 금융회사가 아닌 연방 정부 기관이 직접 대출했거나 대출을 보증했을 때만 해당한다. 이 비중은 미국 전체 모기지 대출의 4분의 3을 차지한다. 민간 금융회사도 대출자가 원하면 3개월 연장할 수 있다.

상환이 연장된 금액은 대출 만기 시점에 한꺼번에 갚든가, 대출 기간 중에 분할 상환할 수 있도록 했다. 이 프로그램 신청자는 전체 가구의 10%가 넘는 610만 가구까지 늘어났다가, 점차 줄어들어 300만 가구 밑으로 떨어졌다.

둘째, 서민들에 대한 금융 회사의 재산권 행사를 부분적으로 제한했다. 한국에서는 대출금을 갚지 못할 경우 주택을 압류하기도 한다. 이 주택은 법원 경매를 거쳐 강제 처분한다. 미국에서도 민간 금융회사의 대출 원리금을 연체하면 한국과 똑같은 절차를 밟는다.

하지만 코로나 사태가 터진 이후에 미국 정부는 대출 원리금이 연체됐다 하더라도 부동산을 압류해 경매하는 조치를 금지시켰다. 당초에는 2020년 6월까지만 한시적으로 시행하려 했다가 그해 연말까지로 연장했다. 지구상에서 가장, 뼛속까지 자본주의 국가인 미국에서 이런 조치가 나왔다는 게 의심스러울 정도다.

셋째, 세입자에 대한 강제 퇴거 조치eviction를 금지했다. 세입자가 월세를 내지 못하더라도 집주인이 일정 기간 내보낼 수 없도록 강제한 것이다. 중산층의 주거 안정을 위한 조치였다. 물론 집주인이 월세를 받지 못한 피해는 정부가 보전해준다. 하지만 100%를 채

워주지는 않는다. 집주인도 고통을 분담하자는 것이다. 미국 정부는 이 사업을 위해 약 174억 달러(약 20조 원) 규모의 월세 지원 예산을 마련했다. 여기에 뉴욕과 LA를 비롯한 각 주와 시 정부가 추가 보조금을 지원하고 있다.

한국의 질병관리청과 비슷한 역할을 하는 미국 질병통제예방센터CDC도 이 퇴거 금지 조치를 적극 수용했다. 세입자들이 쫓겨나면 가족과 친구의 집으로 가거나 노숙생활을 해야 하는데, 이것이 코로나 바이러스를 확산시킬 수 있다는 우려 때문이다. 이 경우 세입자는 코로나 사태 이후 소득이 줄었다는 서류를 집주인에게 제출하고 동의를 받아야 한다. 다만 집주인도 거부할 권리가 있다. 이 때문에 세입자와 집주인 사이의 갈등도 벌어진다. 정부의 행정 명령이 부당하다며 제기한 소송이 전국적으로 2만 건이 넘을 정도다.

미국의 경우 특히 부동산 정책이 직접적으로 금융 정책과 연결돼 있다는 점이 특징이다. FRB가 2020년 11월 말에 공개한 연방공개시장위원회FOMC 의사록에서 그 사실을 알 수 있다. 의사록에 따르면 FRB는 매달 국채 800억 달러, 모기지 주택담보증권MBS 400억 달러 등 총 1,200억 달러를 사들이기로 했다. 채권을 사들이고 시장에 돈을 풀겠다는 뜻이다. 이 정책을 통해 FRB가 매입한 MBS는 전체 유통 물량의 30%를 차지하는 어마어마한 규모다. 시장을 크게 흔들 수 있는 수준이다. 미국이 이처럼 부동산 시장에 깊이 개입한 이유는 무엇일까?

MBS는 은행들의 모기지 담보 대출을 모아서 채권 형태로 발행한 것인데, 시장에서 사려는 사람이 없으면 가격이 떨어진다. 이때 채권 금리는 올라가며, 그 결과 모기지 대출 금리도 상승한다. 동시에 MBS 보유자들은 투자 손실을 줄이려고 MBS에 편입된 주택 담보 대출의 원리금 상환에 나설 수밖에 없다. 이렇게 되면 주택 매각과 대규모 투매로 이어진다. 만약, 정부가 이를 금지하면 그 손실은 고스란히 투자자(대부분 금융회사)로 넘어가고, 2000년 금융 위기와 비슷하게 금융회사의 부실로 이어지게 된다.

바로 이 사태를 방지하기 위해 FRB가 대규모로 MBS를 매입한 것이다. 만약 미국 정부와 중앙은행이 이런 정책을 시행하지 않았다면 2008년 금융 위기와 똑같은 사태가 벌어졌을 것이다. 대출자가 원리금을 갚지 못하고, 은행은 경매 절차를 통해 담보로 잡은 주택을 팔았을 것이다. 매도 물량이 급증하며 투매 현상이 나타나 집값이 폭락했을 것이다. 집을 빼앗긴 중산층과 서민, 월세를 내지 못한 세입자들이 길거리로 쫓겨났을 것이다. 경제 전반에 심각한 타격을 주며 사회불안이 증폭됐을 것이다.

미국의 집값이 코로나 사태 이후에도 이례적으로 상승 곡선을 그렸던 배경에는 이런 정책적 노력이 있었다. 과거처럼 정부가 시장의 자정 기능만 믿고 팔짱만 끼고 있지 않았다. 정부는 시장을 강력하게 떠받쳤다. 만약 정부가 FRB가 MBS를 사주지 않았다면? 십중팔구 시장은 무너졌을 것이다.

┃ 한국, 정부의 어설픈 개입에 집값이 미쳐가고 있다

친구들과의 모임에서 집값을 이야기하면 분위기가 싸늘해지는 경험을 자주 한다. 서울 강남 지역과 강북의 떠오르는 동네에 집을 갖고 있는 사람과, 그렇지 못한 사람의 격차는 하늘과 땅 차이만큼 벌어진다. 계급적 신분 차이에 가까울 정도여서, 부동산 애기만 나오면 너무 민감하게 반응한다. 한국의 부동산 시장, 특히 집값은 코로나 사태가 본격화한 2020년 3, 4월 잠깐 주춤했다가 이내 무서운 속도로 가격이 올랐다. '코로나 블루Blue(우울증)'에 이어 '아파트 블루'라는 말이 나올 정도다.

많은 전문가와 언론들이 정부의 과도한 '부동산 때려잡기' 정책이 오히려 주택 공급을 축소시켜 가격이 급등했다고 분석한다. 물론 틀린 말은 아니다. 정부 정책에 대해서는 잠시 판단을 유보하고, 다른 이유부터 우선 찾아보자.

첫째, 저금리와 그에 따른 유동성 공급이 부동산 폭등의 큰 원인이다. 미국 정부가 그랬던 것처럼 한국 정부도 코로나 사태 이후 경기를 부양시키려고 기준 금리를 내렸다. 2020년 3월에 0.5% 포인트, 5월에 0.25% 포인트 인하한 결과 2020년 12월 현재 기준으로 0.5%까지 떨어졌다. 그 결과 시중에 돈이 엄청나게 풀려나갔고, 이 돈은 주식과 채권, 부동산 등 자산 시장으로 쏠렸다. 영혼을 끌어모아서라도 아파트를 사려는 현상도 일어났다. 그 결과는 집값 폭등이었다. 정부가 뒤늦게 대출 규제에 나섰으나, 가격을 잡기에는 역부족이었다.

둘째, 한국은 미국 및 유럽에 비해 코로나 사태 초기 방역이 비교적 성공이었다. 그래서 코로나가 경제에 미친 충격이 미국과 유럽처럼 크지 않았다. 국제통화기금IMF이 2020년 10월에 발표한, 2020년 경제성장률 전망을 보면, 한국은 -1.9%로 미국(-4.3%), 유럽연합(-4.3%), 일본(-5.3%)보다 훨씬 양호한 수준이다.

셋째, 낮은 실업률이 집값 상승의 한 원인이 됐다. 사실 실업률은 집값에 매우 큰 영향을 미친다. 사람들이 일을 해서 돈을 벌어야 대출 원리금을 갚을 수 있기 때문이다. 한국의 실업률은 2020년 11월 3.4%로 매우 양호한 수준이다. 물론 아예 구직 활동을 포기한 사람은 실업률 통계에 잡히지 않는다는 허점이 있지만, 이 점을 감안해도 낮은 수치다. 정부의 금융지원도 실업률을 낮게 유지하는 데 한몫했다. 정부는 2020년 3월 코로나 사태로 피해를 입은 중소기업 및 소상공인의 대출 만기 연장 및 이자 상환을 6개월씩 2번 연장했고, 2021년 3월에도 다시 6개월 연장으로 가닥을 잡고 있다. 말 그대로 자금난에 빠진 중소기업의 파산을 일시적으로 막았으니, 이들이 자금난에 몰려 집을 팔아야 할 이유가 사라진 것이다.

이제 정부 정책 측면에서 집값 폭등의 원인을 찾아보자. 무엇보다 정부의 어설픈 시장 개입이 기름을 부었다.

이 점은 미국과 상당히 다르다. 미국에서는 집값을 유지하기 위해 정부가 적극 나섰다. 한국은 정반대로 집값을 떨어뜨리는 것이 정부의 목표였다. 하지만 이 목표를 이루지 못했다. 정부가 재건축, 재개발 규제와 세금 및 공시지가 인상, 대출 규제 등 25차례가 넘는 부동산 대책을 내놓았으나 효과가 없었다. 주택 공급 부족 논란이 제기되자, 서울 도심에서 멀리 떨어진 수도권에 대규모 신도시를 조성하겠다며, 서울 집값과는 아무 상관이 없는 엉뚱한 대책을 내놨다.

정부 대책에서 가장 두드러진 것이 세금을 통해 문제를 해결하려는 태도다. 시장을 무시한 처사다. 지금 정부는 과거 노무현 정부와 똑같은 실수를 반복하고 있다. 2002~2006년 부동산 가격이 폭등할 때도, 정부는 금융이 아닌 세금을 통해 문제를 해결하려 했다. 위헌 논란에도 불구하고 재산세와 별도로 종합부동산세를 신설했고, 세금 폭탄을 때렸다.

조금만 신중하게 생각해봐도 이런 정책 효과는 없다는 사실을 금방 알 수 있다. 예를 들어 재산세와 종합부동산세를 합해서 연간 1,000만 원을 인상했다고 하자. 그런데 아파트 가격은 연간 1억 원 이상 오른다. 당연히 빚을 내서라도 집을 사는 게 이익이다. 동시에 세금 인상분을 아파트 가격에 반영한다. 상품에 부과하는 부가가치세를 인상하면 상품값이 오르는 것과 같은 이치다. 집주인들은 재산세와 종합부동산세의 인상분만큼 전세와 월세 가격을 올리게 된다. 합리적인 사고를 할 줄 아는 인간이라면 이는 당연한 반응이다.

게다가 세금 인상은 반드시 조세 저항에 부닥친다. 한 청와대 수석은 정부의 세법 개정안의 취지를 "거위가 고통을 느끼지 않도록 깃털을 살짝 빼내는 식으로 세금을 더 거두는 것"이라고 설명했다가 곤욕을 치르기도 했었다. 이 말은 프랑스 루이 14세 시절 장 바티스트 콜베르 재무부 장관의 말을 인용한 것이었으나, "국민을 거위로 보는 것인가, 사람도 털 뽑히면 아프다." 등의 패러디가 나오며 거센 반발을 가져왔다. 사실 이 말은 어느 정도 진실에 가깝다. 루이 14세라면 왕의 권력이 하늘로부터 나온다는 '왕권신수설'을 주장한, 절대왕정의 상징적인 인물이다. 그런데도 세금을 조금씩 티 나지 않게 걷으려고 노력했다. 중세와 근대의 접경 시대에도 조세 저항을 두려워한 셈인데, 21세기 민주주의 시대에는 그 저항의 강도가 커지면 커졌지 결코 작지는 않을 것이다. 하지만 정부는 '징벌' 의미가 큰 세금을 한꺼번에 부과한 것이다. 당연히 납세자의 강한 저항에 직면할 수밖에 없다.

그렇다면 부동산 가격을 어떻게 잡아야 할까? 이에 대해서도 논란이 분분하다.

어떤 전문가들은 "차라리 규제를 풀고 시장 기능에 맡기면 가격이 안정될 수 있다."라고 주장한다. 이 주장이 전혀 틀리지는 않을 것이다. 하지만 공급만 늘리면 해결될 거라는 식의 생각은 개발 경제 시대의 이념이다. 지금처럼 시중에 돈이 넘쳐나는 상황에서 공급을 늘리려고 재건축이나 재개발 규제를 풀고, 대출 금액을 높여주면 시중 자금이 더 부동산 시장으로 쏠리게 된다. 이 경우 아파트 가격은 다시 상승할 것이다.

그보다는 금융 규제를 통해 부동산 시장에 개입할 것을 제안한다. 징벌적 성격의 세금을 부과할 게 아니라 금융 규제를 통해 시중 자금이 부동산 시장으로 흘러가는 것을 원천 차단하는 방법을 쓰자는 거다.

일단 집이 꼭 필요한 사람에게는 대출을 하되 투기 혹은 추가 투자를 하려는 이들에게는 대출을 규제해야 한다. 이를테면 취업, 지방 근무, 교육, 부모 부양, 노후 생활 준비 등 특별한 사유를 제외하고는 1가구 2주택 이상 소유자들의 대출을 금지하는 것이다. 기존 1가구 2주택 이상 대출자는 만기가 돌아와 연장할 때 일정 원금을 갚도록 해야 한다. 예를 들어 2주택에 해당되는 대출 원금이 1억 원이라면, 대출 만기 연장 시 7,000만 원만 대출하고 3,000만 원은 갚도록 하는 것이다. 장기적으로는 100% 갚도록 상환 계획서를 받으면 된다.

서울과 수도권 대출을 규제하면 시중 자금은 부산과 대전, 대구 등으로 이동할 것이다. 이곳을 투기 지역으로 묶어버리면 그 돈은 다시 다른 지방 도시로 이동한다. 풍선 효과가 이어지는 것이다. 돈은 늘 규제를 피해 더 많은 수익을 찾아가는 속성을 지니고 있다. 그러니 그 돈이 함부로 날뛰지 않도록 규제가 필요하다.

이렇게 하면서 2주택 구매할 때부터는 자신이 가지고 있는 돈으로 투자하도록 유도해야 한다. 자본주의 사회에서 돈 많은 사람이 집을 2채 사든, 10채 사든 막아서는 안 된다. 다만 주택을 구매할 때 지불한 돈이 '정당한 자금'인지를 정확하게 가려내면 된다. 그 돈이 불법 증여로 생긴 것인지, 혹은 탈세를 통해 챙긴 것인지, 범죄 행위를 통해 확보한 것인지를 가려내고, 그에 맞는 처벌을 하면 된다는 이야기다.

또한 깨끗하고 편의성이 뛰어난 새집에 살고 싶어 하는 소비자의 수요를 감안해, 낡은 아파트의 재건축과 오래된 주택 밀집지역의 재개발은 과거와 같은 수준에서 꾸준히 공급을 늘려주면 된다. 이러한 신규 주택 공급마저 지금처럼 틀어막으면 신축 아파트 가격이 재건축 예정 아파트를 훌쩍 뛰어넘는 기현상이 벌어진다. 사실 신축 아파트는 좁은 공간에 높게 올리기 때문에 부동산 가격의 핵심 요소인 대지, 즉 땅의 지분이 적다. 또한 집은 매년 감가상각이 발생하면서 가치가 떨어지기 때문에 재건축이 예정된 아파트보다 싼 것이 정상인데, 지금은 정반대로 가고 있다.

이런 식의 해법이 시장의 순기능을 살리면서 불법 투기도 차단하는 결과를 만들 것이다. 한국의 2020년 미친 집값은 경제의 거시적 흐름과 정부의 어설픈 시장 개입의 합작품이다. 그러니 해결이 쉽지 않다.

투자자 입장에서는 기업의 움직임도
중요하지만, 정부가 가는 방향에
포인트를 맞추는 것이 현명한 방법이다.
GDP에서 공공 부문이 차지하는 비중이
상당히 높기 때문이다.

Part 3

2021년,
쓰나미급 변화가
몰려온다!

2021년은 현대 이후 가장 중대한 해로 기록될 것 같다. 180만 명 이상의 사망자를 낸 바이러스를 제압할 수 있을지, 경제는 되살릴 수 있을지, 다시 예전의 삶으로 돌아갈 수 있을지…. 이 모든 것을 결정하는 게 2021년이다.

어쩌면 2021년에 우리는 전혀 예상치 못한 경제 변화를 체험할지도 모른다. 만약 그런 변화가 나타난다면 파장은 상상을 초월할 수도 있다. 그 변화의 진원지는 아마도 슈퍼 파워 국가인 미국일 것이다. Part 3에서는 2021년 이후의 미국과 글로벌 경제를 전망하고, 한국에 미칠 영향도 가늠하려 한다. 누누이 말했듯이 미국을 알아야 돈을 벌 수 있으니까 말이다.

1

글로벌 인플레이션
위협이 커진다

시중에 돈이 많이 풀리면 물가는 오르기 마련이다. 일단 금리가 떨어진다. 그러니 쉽게 돈을 빌릴 수 있다. 내 주머니에 돈이 많아졌으니 물건과 서비스 가격이 떨어지지 않아도 소비는 늘어난다.

소비가 늘어나니 좋을 것 같지만 부작용도 있다. 화폐 가치가 떨어지기 때문이다. 그러면 물가가 오른다. 이처럼 통화량의 증가가 물가 상승을 유발하는 현상을 인플레이션이라고 한다. 미국은 물론 한국을 포함한 전 세계 정부가 2021년에 가장 우려하는 경제 이슈 중 하나가 이것이다.

이미 인플레이션의 조짐은 넘쳐난다. 미국 내 인플레이션은 미국 내 문제로 끝나지 않고 전 세계로 '수출'된다. 당연히 전 세계에 막대한 영향을 미친다. 한국도 예외는 아니다. 그러니 미국 상황을 살펴야 한다. 왜 미국에서는 인플레이션을 심히 걱정하고 있는 것일까?

| 무제한 달러 찍기의 치명적 부작용, 인플레!

세계화의 진전은, 미국이나 유럽 선진국으로서는 반가운 현상이다. 세계화에 따른 혜택을 선진국이 개발도상국보다 더 많이 얻기 때문이다. 무엇보다 선진국의 물가 안정에 꽤나 기여한다. 선진국들은 중국, 동남아시아, 아프리카 등 저임금 국가에서 싸게 생산된 제품을 수입하는 덕분에 물가 상승 압력을 덜 받는다. 수입 제품이 싸니 물가 상승에 영향을 크게 미치지 못한다는 뜻이다.

우리가 소비하는 글로벌 기업의 옷과 신발, 전자 기기 제품을 보라. 'Made in U.S', 'Made in Japan'이라 적힌 라벨이 별로 보이지 않을 것이다. 그런 라벨은 대체로 고가 제품에서나 볼 수 있다. 대부분은 'Made in China', 'Made in Vietnam', 'Made in Indonesia' 등의 제조 국가 표시가 적혀 있다. 글로벌 기업들이 생산 원가를 줄이려고 인건비와 땅값이 저렴한 국가로 생산 기지를 옮겼기 때문이다. 한국을 대표하는 기업인 삼성전자도 마찬가지다. 반도체를 제외한 휴대전화, 디지털 가전제품 대부분은 이미 오래전에 생산 기지를 중국과 동남아시아로 옮겼다.

글로벌 경쟁이 치열해지면서 제품 생산 원가는 다시 낮아진다. 기술 혁신과 공장 자동화의 속도가 빨라지면 제품 생산 원가가더 하락할 수도 있다.

자동차의 사례에서 이 점을 쉽게 알 수 있다. 자동차 기업들은 매년 신차를 내놓는다. 하지만 판매가는 거의 변하지 않는다. 그나마 과거에는 자동차 가격을 매년 4~5%씩 인상했지만, 이제는 어려워졌다. 시장 경쟁이 치열해졌으니 가격을 올리지 못하는 것이다. 한국의 경우 BMW, 벤츠, 아우디, 폭스바겐, 도요타 등 수입 자동차 회사들이 시장 점유율을 높이려고 경쟁적으로 판매 가격을 낮춘다. 이게 이른바 공정거래위원회FTC가 말하는 '경쟁의 효과'다.

압도적으로 혁신적인 신차가 나온다면 경쟁력이 강해지기 때문에 가격 인상이 가능하다. 하지만 이게 쉽지 않다. 한국의 대표 중형 자동차인 그랜저만 보더라도 매년 새로운 기능이 추가되고 디자인도 세련되게 바뀌지만, 아주 혁신적이지는 않다. 그러니 판매 가격은 수년째 3,000만 원대를 유지하고 있다. 물론 예외도 있다. 제네시스의 경우 품질과 디자인에서 그랜저보다 고급스럽고 가격 면에서 에쿠스보다 저렴하다는 점을 내세워 성공한 사례로 볼 수 있다.

요약하자면, 저렴한 수입 제품이 많아지고 제품의 가격이 오르지 않는다면 물가는 안정된다. 게다가 미국의 경우 기업들이 가격 담합을 하는 게 사실상 어려운 구조다. 더욱더 제품 가격이 올라갈 수 없다는 뜻이다. 당연히 인플레이션이 발생할 위험도 적다. 하지만 현실은 다르다. 미국에서 인플레이션의 위협은 점점 더 커지고 있다.

원인을 찾자면 한두 가지가 아니다. 만약 한 가지만 들라면?

그 책임은 미국 정부와 중앙은행에 있다. 코로나 사태에 대응하기 위해 무제한 달러를 찍어낸 게 가장 큰 원인이다. 어마어마한 물량의 달러가 시중에 쏟아졌으니 저렴한 수입 제품이 제아무리 많은들, 제품 단가를 제아무리 낮춘들 백약이 무효다. 기껏 노력해서 한 달에 2kg을 감량했는데, 10kg을 찌울 정도로 폭식한다면 다이어트가 말짱 꽝이 돼버리는 것과 같은 이치다.

예를 들면, 미국 FRB는 2020년 4~6월에 미국 국채와 MBS를 대거 사들였다. 그 결과 FRB 자산 규모는 약 4조 달러에서 7조 달러로 늘어났다. 자산 부자가 된 것인데, 이 말은 약 3조 달러가 시중에 풀렸다는 이야기가 된다. 자산 규모가 4조 달러로 늘어나는 데 걸린 시간은 대략 20년이었다. 그런데 단 3개월 만에 3조 달러가 시중에 풀린 것이다. 물가가 감당하기 어려운 수준일 수밖에 없다.

| 금융 시장은 인플레를 예감했다

통화량 증가에 따른 물가 상승은 약 6개월 후부터 서서히 발생한다. 따라서 미국의 경우 2020년 10월 이후부터 인플레이션의 조짐이 본격적으로 나타났다. 단순하게 말하자면, 미국 정부가 2021년에 시중의 돈을 걷어 들이면 인플레이션을 막을 수도 있다. 그런데 그럴 가능성이 별로 없다.

조 바이든 신임 미국 대통령은 코로나 사태 극복을 위한 그린 뉴딜Green New Deal 정책을 대선 공약으로 내세웠다. 이에 따라 2조 달러 이상의 추가 부양책을 예고했다. 오히려 지금보다 더 많은 돈이 풀린다는 이야기다. 그러니 더 극심한 인플레이션이 나타날 수도 있다.

인플레이션이 발생하면 물가는 크게 오른다. 게다가 물가 상승은 시장의 예상보다 더 빠른 속도로 엄습한다. 이미 금융 시장에서는 인플레이션을 예감하고 있다. 가령 세계 최대 자산운용사인 블랙록Blackrock의 경우 향후 미국 경제를 전망하면서 이렇게 말했다. "2025년이 되면 미국의 물가 상승률은 2.5~3%에 이를 것이다."

이쯤 되면 미국은 인플레이션을 피할 수 없을 것 같다. 이미 말한 대로 무제한 달러 찍기가 인플레이션의 '주범'이다. 미국 정부와 중앙은행이 이런 사실을 모르겠는가? 아니다. 하지만 달리 방법이 없었다. 코로나 사태로 위기를 맞은 미국 경제를 살리려면 더 많은 돈이 필요했고, 그래서 더 찍어내야 했던 것이다. 그렇게라도 하지 않으면 경제 시스템 전체가 회복할 수 없을 정도로 무너질 수 있다는 위기의식이 컸다는 이야기다. 미국 정부는 코로나 사태를 극복하면 경제가 코로나 사태 이전의 수준으로 돌아갈 것이고, '그때'가 되면 금리를 서서히 올리며 정교하게 시중 자금을 회수하면 되겠다고 판단했을 터다.

문제는 '그때'가 언제가 될지 미지수라는 데 있다. 백신 접종이 시작되면서 코로나 극복의 신호탄을 쏘아 올렸지만, 완벽하게 마무리하기까지는 최소 3년 이상 걸릴 거라는 전망이 많다. 그러니 인플레이션의 늪에서 탈출하기가 쉽지 않을 거라는 비관적인 이야기가 나오는 것이다.

금융 시장에서는 이미 인플레이션 징후가 나타나고 있는 것 같다. 시중 금리가 상승하는 게 그 증거다. 일반적으로 인플레이션이 발생하면 돈의 가치가 떨어진다. 그러면 수익률도 떨어지니 투자자들은 더 높은 금리를 요구한다. 이런 자연스러운 흐름에 따라 이미 시중 금리가 빠르게 오르고 있다.

10년 만기 국채Treasury Bond는 미국 재무부가 발행하는 대표적 장기 채권이다. 이 채권의 금리는 2020년 3월 0.502%까지 떨어졌었다. FRB가 기준 금리를 크게 낮췄기 때문이다. 그런데 이 채권의 금리가 2021년 초에 1%를 넘어섰다. 미국의 투자은행들은 2021년 말이 되면 이 금리가 1.2~1.5%까지 높아질 것으로 전망하고 있다.

2020년 3월~2021년 1월 미국 10년 만기 국채 금리 추이

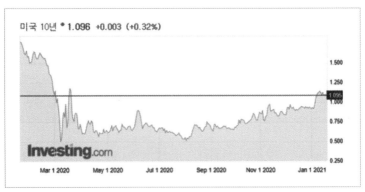

https://kr.investing.com/rates-bonds/u.s.-10-year-bond-yield

2020년 3월 0.502%까지 떨어졌던 미국 10년 만기 국채 금리는 지속적으로 올라 2021년 1월 1%를 넘어섰다. 앞으로도 금리는 계속 오를 것으로 전망된다.

10년 만기 국채 금리는 MBS와도 밀접히 연동돼 있다. 국채 금리가 올라가면 MBS 금리도 올라간다. 이어 기업 회사채 등 다른 채권 금리에도 영향을 준다. 결국 모든 채권의 금리가 올라가는 것이다.

채권 금리의 기준점을 제시하는 국채 금리가 올라가면 시중 은행의 신용 대출 금리와 주택 담보 대출 금리도 모두 올라간다. 이미 대출을 받아 부동산을 산 사람은 직격탄을 맞게 된다. 기업도 회사채 금리가 높아지니 이자 부담도 커진다. 당연히 기업으로서는 이런 식으로 금리가 올라가는 게 반갑지 않다.

채권 금리가 올라가면 채권 가격은 떨어진다. 수시로 거래를 하는 채권 투자자들에게는 손해가 생긴다. 다만 채권 가격은 떨어지더라도 채권 수익률은 높아진다. 그러니 만기까지 채권을 들고 있는 투자자라면 더 많은 이익을 얻을 수도 있다.

주식 시장으로서는 채권 금리 상승이 압박 요인이 될 수도 있다. 채권 수익률이 높아지고 채권 가격이 낮아지니 주식 시장에서 돈이 빠져나와 채권 시장으로 이동할 수 있기 때문이다. 이 경우 주식 시장이 하락세로 돌아설 수도 있다.

이런 여러 이유로 인해 시중 금리가 상승하기 시작하면 시장 흐름을 잘 살펴야 한다. 이미 인플레이션의 징후가 나타났다는 것 외에도 기업은 물론 개인의 재테크에도 큰 영향을 미치기 때문이다.

| 마이너스 금리 장기화할 듯

미국 중앙은행인 FRB 기준 금리는 현재 0.00~0.25%에 불과하다. 사실상 제로Zero 상태다. 이런 상태가 지속되면 기준 금리와 시중 금리 사이에 심각한 격차가 발생하게 된다. 이 금리 격차를 해결하기가 쉽지 않으니 FRB의 고민도 큰 듯하다. 경제가 확실히 회복되지 않은 상황이니 기준 금리는 올리기 어렵다. 그런데 시중 금리는 계속 오른다. 결국 갈수록 기준 금리와 시장 금리의 격차가 커지고 있다.

이런 상황은 미국의 평범한 시민들에게 큰 부담이 될 수 있다. 기준 금리와 시장 금리의 격차가 커진다는 것은, 실질 금리가 마이너스가 된다는 뜻이기 때문이다. 이 경우 인플레이션이 반영된 시장 금리는 2%를 넘어선다. 하지만 중앙은행의 기준 금리는 0%이고, 서민들이 이용하는 시중 은행의 예금 금리는 1% 정도가 된다. 그 결과 실질 금리는 마이너스 1%가 된다. 은행에 돈을 맡기면 손해를 보는 상황이 벌어지는 것이다.

굳이 비유하자면, 수수료를 내고 은행에 돈을 맡기는 셈이다. 은행에 돈을 맡겨 이자를 받는다는 통념 자체가 무너진다. 사실 이런 현상은 종종 나타난다. 때로는 정부가 소비를 활성화하기 위해 의도적으로 조장하기도 한다.

가장 먼저 마이너스 금리를 도입한 국가는 유럽이다. 스웨덴은 글로벌 금융 위기가 터지자 2009년 7월 최초로 금리를 '0' 이하로 내렸다가 다시 올렸다. 유럽중앙은행ECB은 경기 침체에서 벗어나기 위해 스웨덴 사례를 참고해 2014년 6월 마이너스 금리 정책을 도입했다. 여기에 자극을 받은 일본이 2016년 1월 기준 금리를 기존 0.1%에서 -0.1%로 내렸다. 2020년 5월에는 영국이 사상 처음으로 -0.0003%짜리 국채 37억 5,000만 파운드(2023년 만기)를 발행해 마이너스 금리 대열에 동참했다.

당시에도 우려가 없지는 않았다. 고객들이 은행에서 돈을 찾아 장롱 속에 숨기는 '화폐 퇴장' 현상이 나타날 수도 있다. 이렇게 되면 지하경제만 더 커진다. 하지만 의외의 결과가 나왔다. 화폐 퇴장 현상이 별로 심하지 않았던 것이다. 현금을 집 안에 보관하기도 힘들고, 무엇보다 도난 우려가 컸기 때문이다. 집에서 보관하는 비용을 생각해보면, 차라리 은행에 맡기는 게 더 싸고 안전하다는 인식이 퍼졌다.

하지만 당초 원하던 소비 활성화는 나타나지 않았다. 경제성장률은 1%에도 미치지 못했다. 마이너스 금리 정책은 사실상 실패했다. 그런데 지금 미국에서 똑같은 마이너스 금리 현상이 나타나고 있다. 이번에는 정부가 의도한 게 아니다. 이런 현상은 2021년에 더욱 심해질 것으로 보인다. 게다가 FRB가 금리를 올리기 전까지 계속될 것이다.

코로나 사태 초기만 해도 미국의 평범한 중산층들은 은행으로 몰렸었다. 사상 초유의 바이러스 사태를 겪으면서 미래에 대한 불안감이 커졌기 때문이다. 집에 돈을 놔두는 것도 맘이 놓이지 않고, 경제가 휘청거리니 섣불리 투자하기도 어려워 저축을 택했다. 그 결과 미국의 저축률은 2020년 2월 8.3%에서 4월에 33.6%로 치솟았다.

미국인들은 '할부 인생'이라고 불릴 정도로 소비할 때 일시불로 지급하는 경우가 적다. 자동차, 가전제품은 물론 집도 대부분 할부로 구매한다. 이 때문에 저축률이 낮았던 것. 코로나 사태 초기의 불안감이 이런 미국인의 인식을 바꾸는 것처럼 보였다. 하지만 실질 금리가 마이너스인 상황에서 계속 은행에 돈을 맡길 이유가 없었다. 미국인들은 은행에 있는 돈을 꺼내 주식과 부동산 같은 자산 시장으로 몰렸다.

| 오히려 디플레이션을 걱정해야 한다?

사실 투자자들은 예외 없이 저금리를 선호한다. 낮은 금리를 이용해 더 많은 돈을 빌려 투자한 뒤 더 많은 수익을 낼 수 있기 때문이다. 예를 들어, 연 2% 금리에 돈을 빌려서 부동산과 주식에 투자해 5% 수익을 내면 3%의 추가 이익이 발생한다. 일명 레버리지 Leverage 효과다.

서울에서의 사례를 들어보자. 서울 도심의 오피스 빌딩 가격은 이제 1조 원에 육박한다. 투자자들은 이 빌딩을 살 때 필요한 자금의 약 80%를 대출로 조달한다. 자기 돈 2,000억 원과 대출금 8,000억 원으로 빌딩을 사는 것이다.

이 투자자가 매년 5%의 임대 수익을 얻고, 5년 후에는 1조 2,000억 원에 다시 건물을 내다 판다고 가정하자. 이 경우 투자자가 얻는 수익은 5년 동안의 임대료 수익 2,500억 원과 빌딩 가격 상승에 따른 판매 수익 2,000억 원 등 총 4,500억 원이 된다.

금리를 3%라고 가정하면 이 기간 투자자가 부담할 이자 비용은 1,200억 원이다. 단순히 계산하자면, 이 투자자의 경우 5년 동안 3,300억 원의 이익을 얻는 셈이다. 최초 투자금이 얼마였는가? 2,000억 원이었다. 5년 동안의 투자 이익률은 무려 150%를 넘는다. 많은 투자자들은 이런 '레버리지 효과'를 이용해 어렵지 않게 많은 돈을 벌고 있다.

일단 지금의 저금리 기조가 쭉 이어지면 이런 식의 투자로 큰 돈을 버는 사람들이 많아질 것 같기는 하다. 인플레이션이 뭐가 대수냐는 이야기다. 게다가 물가 상승률만 놓고 보면 인플레이션이 크게 우려되지 않는다고 말하는 이들도 있다. 가령 미국의 경우 2019년 물가 상승률은 1.8%에 그쳤다. 2020년에는 오히려 1.3%로 더 떨어진 것으로 잠정 집계됐다. 한국도 상황은 비슷하다. 한국의 경우 물가 상승률이 2013년에 2% 미만인 1.3%로 떨어졌고, 2019년에는 0.4%로 1%도 안 되는 수준이다.

사정이 이러니 인플레이션보다는 디플레이션을 걱정해야 한다고 말하는 이들도 있다. 디플레이션은 통화량이 감소하면서 물가가 하락하고, 이로 인해 경제 침체가 나타나는 경제 현상을 말한다. 인플레이션이 과도하게 수요가 넘치는 것이라면 디플레이션은 수요는 적고 공급만 넘쳐나는 것으로 볼 수 있다.

현재 시중의 통화량은 상당히 늘어난 상태다. 그러나 돈이 제대로 돌지 않아, 통화 유통 속도는 매우 느리다. 물가 상승률은 그다지 높지 않고 경기 침체가 이어지고 있다. 바로 이 점을 강조하며 디플레이션을 걱정해야 한다고 말하는 이들이 있는데, 그중에는 FRB 제롬 파월 의장도 있다. 그는 실제로 "우리는 인플레이션보다 디플레이션을 더 걱정해야 한다."라고 말한 바 있다. 이 말을 돌려 해석하면, 앞으로도 시중에 더 많은 돈, 즉 실탄을 공급하겠다는 뜻이다.

중앙은행이 통화 정책을 결정할 때는 소비자물가상승률CPI, Consumer Price Index을 고려한다. 한국의 경우 국민이 먹고사는 데 필요한 약 460개의 중요 항목을 선정해 가격이 얼마나 올랐는지, 내렸는지를 반영한다. 쌀, 달걀, 술, 라면 등 생활 필수 품목과 채소 같은 신선 식품과 농산물, 석유와 경유 등 에너지, TV를 비롯한 가전제품 등이 포함된다. 전세와 월세도 반영한다.

하지만 CPI는 주식과 부동산 등 자산 가격이 빠져 있다는 치명적 단점을 안고 있다. 집값이 미친 듯이 올라서 국민들의 주거난이 심화하고 계층 갈등으로 번지는 상황은 전혀 고려되지 않는다. 심지어 중앙은행이 빠른 의사결정을 위해 더 많이 참조하는 근원 물가 상승률Core CPI에는 에너지와 식품 가격이 포함되지 않는다. 태풍과 허리케인, 홍수와 가뭄 등 기후적 요인과 중동의 정세 변동 등 지정학적 요인에 의해 가격이 심하게 오르내려서 물가 통계를 왜곡할 우려가 있다는 이유다. 자동차와 식품은 인간 생활의 기본인데, 이 가격이 올라도 중앙은행은 크게 개의치 않는다는 뜻이다

물가 상승률이 크지 않은데도 식당에서 과거처럼 5,000원짜리 김치찌개를 찾아볼 수 없는 것이나, 주부들이 2~3만 원으로 마트에서 장을 보는 게 어려워진 게 이런 이유에서다. 통계상의 물가와 장바구니 물가의 괴리가 커지고 있는 것이다. 이 때문에 중앙은행이 근원 CPI를 근거로 돈을 풀지 말지, 금리를 올릴지 말지를 결정하는 것이 과연 올바른가에 대한 회의론도 커지고 있다. 자산 가격이 포함되지 않으니, 저금리를 기반으로 시중에 풀린 엄청난 돈이 주식과 부동산 가격을 끌어올려 거품을 만들어내도, 물가 정책과는 상관없다! 굳이 중앙은행이 금리를 올릴 이유도 당연히 없는 것이다.

| 미국 인플레이션, 한국에도 직격탄

미국 통화 정책을 결정하는 기구인 연방공개시장위원회FOMC가 2020년 6월 11일, 이런 발표를 했다. "신종 코로나바이러스의 충격이 예상보다 훨씬 심각하다. 2020년 2분기(4~6월) GDP는 연간 기준으로 마이너스 30%에도 미치지 못할 것이다."

FRB도 많은 은행과 증권, 투자은행 등 금융 시장 전문가와 기업의 최고경영자, 학계 인사들로부터 여러 의견을 들었다. 그 의견을 종합하고 분석한 결과 미국 경제가 코로나 사태 이전 수준으로 돌아가는 시기를 2023년으로 예상했다. 그러니 분기 마이너스 성장은 크게 놀랄 일도 아니었다. FRB는 2022년 말까지 제로 금리를 유지하겠다고 밝혔다.

2020년 9월 FOMC 회의가 다시 열렸다. FOMC는 종전보다 더 비관적인 전망을 내놓았다. 코로나 사태 이전 수준으로 경제가 회복하는 예상 시기를 2024년으로, 1년 더 늦춘 것이다. 이에 따라 제로 금리도 1년 더 연장해 2023년 말까지 유지한다고 했다.

경제를 살리기 위해서 시중의 통화량을 당장 흡수하지 않겠다는 의도다. 하지만 물가 상승이 걱정되는 시점이었다. 물가를 잡기 위한 대책이 필요했다. 이때 FRB가 도입한 것이 다소 생소한 개념의 평균 물가 목표제AIT , Average Inflation Targeting였다.

전통적으로 FRB는 연간 물가 상승률 목표치를 2%로 잡고 있다. 2%가 넘으면 곧바로 행동에 들어가 금리를 올리고 갖고 있는 채권을 팔아 시중 자금을 흡수한다. 그런데 AIT가 도입되면 이 방식이 좀 달라진다.

예를 들어 1~9월에 월평균 물가 상승률이 1%였는데, 10~12월에 2.5%로 뛰었다고 하자. 이 경우 연간 평균으로는 2%를 넘지 않는다. 그래도 과거에는 11월이나 12월에 금리를 올려 물가 상승을 잡으려고 했다. AIT하에서는 굳이 그럴 필요가 없다. 연평균 기준으로 2%가 되지 않으니 금리를 올리지 않겠다는 뜻이다. FRB는 금리를 올릴 생각도 없고 영원히 저금리를 유지하려는 것 아니냐고 해석하는 이들이 많다.

이 제도 도입을 놓고 FRB가 2021년부터는 물가 상승 압력이 커질 것이고, 그 결과 상반기는 몰라도 하반기에는 2%를 넘어설 것으로 예상한 증거라고 말하는 이들도 있다. 10년 만기 국채 금리가 보여주듯 2020년 4분기(10-12월)부터는 시장 금리가 올라가고 있다. 어쩌면 이 예상이 맞을지도 모르겠다.

한국에서도 비슷한 상황이 일어나고 있다. 2021년 이후 인플레이션에 대한 우려가 커지고 있다. 한국 정부가 발행하는 대표적 국채 상품인 10년 만기 국채 금리가 뛰고 있다. 2020년 7월 말 1.28%에 불과했으나, 2021년 초 1.7%로 튀어 올랐다.

미국과 한국의 금융 시장은 동조화 현상이 심해, 10년 만기 미국 국채와 한국 국채 금리는 일반적으로 중앙은행 기준 금리만큼 차이가 난다. 2021년 초 기준 금리는 한국이 미국보다 0.25~0.5% 포인트 높다. 미국에서 인플레이션이 나타나면 곧바로 국채 금리가 오르고, 이는 곧바로 한국 국채 금리 상승으로 이어진다. 한국도 원유와 식료품, 산업용 원자재 등 수입 물가 상승으로 인플레 상승을 피하기 어려운 상황이다. 인플레에 대한 대책을 모색해야 할 때란 이야기다.

2

달러 가치 추락,
언제까지 이어질까?

세계적으로 통용되는 화폐를 기축 통화Reserve Currency라고 한다. 달러는 대표적인 기축 통화다. 전 세계 무역 결제의 약 80%가 달러로 이뤄진다. 유로, 위안, 엔 등의 화폐가 있지만 이 모두를 합쳐도 20% 정도에 불과하다.

코로나 사태 이후 이 판세가 달라졌다. 철옹성 같던 달러의 가치가 떨어지기 시작했다. 달러 하락세의 속도는 점점 빨라지고 있다. 왜 이런 일이 일어나고 있는 것일까? 달러 가치 하락이 글로벌 경제, 그리고 한국 경제에 미치는 영향은 무엇일까?

투자자들에겐 또 하나 궁금한 게 있다. 달러 가치가 하락하는데 달러 투자는 괜찮은 것일까? 그리고 달러 가치가 하락하면 더 이상 달러를 사면 안 되는 것일까? 그 대신 금이나 은과 같은 귀금속으로 투자처를 바꿔야 하는 것일까?

사실 칼로 두부 자르듯이 명확하게 이렇게 해야 한다, 저렇게 해야 한다는 식으로 답할 수는 없다. 하지만 달러 가치의 등락이 반복되면 투자 방향을 재조정해야 하는 신호일 수도 있다. 이 때문에 달러 가치의 흐름을 주목해야 한다.

| 달러는 어떻게 기축 통화가 됐는가?

근대 초기에 유럽 국가들은 무역을 할 때 은으로 대금을 결제했다. 유럽이 떠오르는 태양이었으니 은은 유일한 '기축 통화'가 됐다.

1800년대 이후에는 금이 기축 통화의 역할을 했다. 1900년대 초반까지만 해도 유럽의 많은 국가가 금본위제를 유지했다. 하지만 제1차 세계 대전 이후 대공황과 살인적인 인플레이션을 겪으면서 금본위제가 유명무실해졌다. 영국이 가장 먼저 금본위제 포기를 선언했고, 나머지 나라도 뒤를 따르면서 금본위제는 붕괴했다. 각국의 환율은 더욱 불안정해졌다.

제2차 세계 대전이 막바지로 치닫던 1944년 7월, 미국 뉴햄프셔주의 브레튼우즈라는 곳에서 44개 연합국 대표가 모였다. 연합국 대표들은 전후 자유 무역을 확대하고 환율을 안정시키자며 브레튼우즈 협정을 체결했다. 협정을 이행하려면 각 나라에 외화를 잘 공급하는 기구가 있어야 했다. 국제통화기금IMF을 만든 이유다. 또한 저개발 국가의 경제 부흥을 돕기 위한 기구도 필요했다. 그래서 만든 게 국제부흥개발은행IBRD이다.

이 협정으로 만들어진 글로벌 경제 체제를 '브레튼우즈 체제'라고 한다. 이 브레튼우즈의 진짜 핵심! 바로 달러를 기축 통화로 정하는 국제 환율 시스템을 만들어낸 것이다. 파운드도 아니고 프랑도 아닌, 달러였다. 왜 달러였겠는가? 두 차례의 세계 대전을 거치며 미국이 자본주의 대표 국가로 부상했기 때문이다.

브레튼우즈 체제에 따라 금 1온스를 35달러로 고정시키고, 다른 국가의 환율은 달러에 연동하기로 했다. 그러나 브레튼우즈 체제는 그리 오래가지 못했다. 1960년대 이후 국제 금융 시장이 계속 흔들렸기 때문이다. 결정적으로는 1971년 미국이 달러를 금으로 바꿔 주지 못하는 사태가 발생했다. 갖고 있던 금이 부족해서였다.

이로써 브레튼우즈 체제는 막을 내렸다. 하지만 달러의 영향력까지 축소된 것은 아니었다. 미국의 영향력이 커지면 더 커졌지 줄어들진 않았으니 당연한 일이다. 1985년 9월 22일 미국 뉴욕 플라자 호텔에서 열린 미국, 영국, 프랑스, 독일, 일본의 재무장관 회담은 초강대국 미국의 지위를 재확인하는 자리였다.

미국은 이 무렵 달러화 강세로 대일對日 무역적자만 430억 달러를 기록했다. 반면 일본과 독일은 막대한 무역 흑자를 기록하고 있었다. 미국은 달러 가치가 지나치게 높고 엔과 마르크의 가치가 낮기 때문에 나온 결과로 판단했다. 미국 대표는 "달러화 강세가 세계 경제를 위협하고 있다. 일본 엔과 독일 마르크는 평가 절상을 해야 한다."라고 강하게 요구했다.

일반적으로 화폐 가치가 높아지면 해외 가격 경쟁력이 약화된다. 원화 가치가 높아져 1달러 환율이 1,000원에서 900원으로 떨어졌다고 가정하자. 이 경우 한국 기업이 미국에 수출해서 1달러를 벌어 환전하면 매출이 1,000원에서 900원으로 줄어든다. 이처럼 환율이 떨어지면 수출 기업에게는 치명적이다.

미국은 1980년대 초반 레이건 행정부가 들어서면서 대규모 세금 감면 조치를 취하면서도 재정 지출은 그대로 유지해 막대한 재정 적자에 시달렸다. 여기에 대외 무역 적자까지 겹치면서 달러 강세 기조가 지속됐다. 그러니 미국이 글로벌 무역 불균형을 해소해야 한다며 목소리를 높였고, 다른 나라들은 따를 수밖에 없었다.

이 회의 결과 '플라자 합의Plaza Agreement'가 나왔다. 1주일 만에 달러 대비 독일 마르크는 약 7%, 일본 엔은 8.3% 각각 올랐다. 모든 게 미국의 바람대로 됐다. 그 후 2년 동안 달러 가치는 30% 이상 하락했고, 가격 경쟁력을 회복한 미국 제조 기업은 다시 황금기를 맞았다.

초강대국의 '횡포 아닌 횡포'로 인해 일본은 혹독한 대가를 치렀다. 엔 가치가 폭등하면서 수출 경쟁력이 약화했다. 국내 경제가 어려워졌고, 부동산 버블이 붕괴했다. 미국과 정반대로 일본에서는 '잃어버린 20년의 암흑기'가 시작됐다.

당시 미국은 자국 기업을 살리기 위해 일부러 달러 가치를 떨어뜨렸다. 하지만 최근의 달러 가치 하락은 이유가 다르다. 그래서 미국 정부의 고민이 커지고 있다. 어떤 점이 다른 것일까?

| 추락하는 달러 "아, 옛날이여."

달러 인덱스Dollar Index라는 게 있다. 유럽연합EU의 유로, 영국 파운드, 일본 엔, 캐나다 달러, 스웨덴 크로나, 스위스 프랑 등 세계 6개국 통화와 달러의 가치를 비교한 지수다. 이 지수가 높으면 달러화 가치가 높다는 뜻이다. 반면 지수가 낮으면 달러화 가치가 하락한 것이다.

신종 코로나 바이러스가 미국과 유럽을 흔들기 직전인 2020년 3월 5일 달러 인덱스는 94.9였다. 코로나 사태가 본격화한 3월 18일, 달러 인덱스는 103.4까지 치솟았다. 달러 가치가 급등했다는 뜻이다.

이는 충분히 예상할 수 있는 투자 흐름이었다. 전 세계가 바이러스 때문에 큰 혼란에 빠졌다. 글로벌 투자 심리가 꽁꽁 얼어붙었다. 하지만 어딘가에는 투자해야 한다. 자, 이럴 때 여러분은 어디에 투자하겠는가? 가장 믿을 수 있는 나라, 유일하게 절대로 무너지지 않을 것 같은 나라. 투자자들은 미국이 그런 나라라고 생각했다. 그러니 달러 가치가 급등했던 것이다. 국내에서도 이런 기류가 그대로 나타났다. 이 무렵 원-달러 환율도 1달러에 1,290원까지 폭등했다.

하지만 곧 상황이 바뀌었다. 3월 말 CARES 법안을 통과시킨 후 무제한 달러를 찍어낸 게 전환의 계기가 됐다. 달러 공급이 폭발적으로 늘었으니 달러 가치가 떨어지는 것은 지극히 당연하다. 물론 유럽연합이나 영국 등 다른 나라의 정부도 막대한 재정 적자를 감수하며 경제 회복을 위해 돈을 풀고 있다. 하지만 규모 면에서 미국을 따라갈 수 있겠는가? 게다가 조 바이든 행정부는 2021년부터 추가 경기 부양에 2조 달러 이상을 퍼부을 것으로 보인다. 그 경우 달러 가치는 아마도 더 떨어질 것이다.

달러 가치가 얼마나 떨어졌는지를 실제로 확인할 수 있다. 다음의 구매력 그래프를 보면 된다.

1900년 이후 달러 구매력의 변화

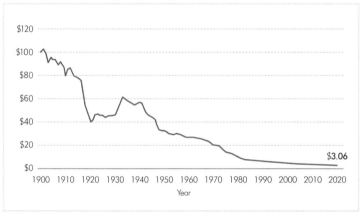

출처: ObservationsAndNotes.blogspot.com

1900년 이후 달러 가치는 지속적으로 하락하고 있다. 120년 만에 97%의 가치가 떨어졌다.

1900년에 1달러를 주고 100을 샀다고 가정하자. 120년이 지난 2020년, 1달러를 주고 얼마나 살 수 있을까? 3.06밖에 사지 못한다. 이 말인즉슨, 120년 동안 달러의 구매력이 97% 감소했다는 거다. 물론 그동안 물가가 많이 오르기는 했다. 하지만 동시에 달러가 그만큼 전 세계로 많이 풀려나갔다는 뜻이기도 하다.

무한대로 달러를 찍어내다가는 기축 통화의 지위를 상실할 수도 있다는 지적도 나온다. 그러면 투자자들의 시선은 달러에서 멀어진다. 달러 대신 다른 화폐에 투자할 테고, 그 경우 달러 가치는 다시 추락하는 악순환이 이어질 수도 있다. 과거에 달러 가치를 그렇게 낮추려고 했던 상황과 지금의 상황이 다른 게 바로 이런 점 때문이다. 레이 달리오도 2020년 여러 차례 언론 인터뷰를 통해 이 점을 강조했다. "미국 정부의 과도한 재정 적자와 중앙은행의 달러 살포로, 달러화의 기축 통화 지위가 위협받을 것이다!"

실제로 그가 운용하는 헤지 펀드는 달러를 지속적으로 팔고 있다. 그 대신 위안을 비롯해 코로나 경제 위기에서 벗어나고 있는 신흥국 통화를 사들이고 있다. 아직까지 달러가 글로벌 무역 결제의 80%를 차지하는 상황에서 금방 달러화가 무너지고 다른 통화가 이를 대체하지는 않을 것이다. 하지만 달러의 가치를 의심하는 투자자들이 많아진 것은 분명하다.

글로벌 무역에서 결제되는 통화가 점차 다변화하는 점도 달러를 위협하는 요소다. 중국은 중동과 아프리카에서 미국보다 원유를 더 많이 수입한다. 과거에는 이 거래에서 결제되는 통화는 모두 달러였다. 그랬던 것이 점점 유로, 위안화 비중이 높아지고 있다. 특히 유럽 국가들은 러시아에서 천연가스를 구입할 때 달러 비중을 줄이고 유로 비중을 높이고 있다.

이렇듯 달러 결제 비중은 시간이 갈수록 점점 줄어들고 있다.

그 배경에는 달러 가치 하락이 있다. 조금 과장하면, 언젠가 달러가 나머지 화폐에 밀려 뒷방 노인네 신세로 전락할 수도 있다. 코로나 사태가 이렇게 세상을 바꿔 놓았다.

| 투자자들, 금과 은에 몰린다

달러 가치가 추락하는 반면 금과 은의 가치는 치솟고 있다. 투자자들이 달러 대안으로 안전 자산인 금과 은을 선택하고 있기 때문이다.

코로나 사태 이후 금과 은 가격의 등락 그래프는 달러와 정반대다. 다음 페이지 그래프를 보면 금은 1온스(약 28g)당 2020년 3월에 1,500달러까지 추락했다가 8월에 2,050달러까지 치솟았다. 은은 3월에 11달러까지 폭락했다가 8월에 30달러로 무려 3배로 뛰었다. 코로나 사태 초기에는 투자자들의 공포 심리가 극에 달해 주식, 채권, 부동산, 금과 은을 비롯한 원자재 등 모든 자산을 팔아 달러를 확보했지만 이후 금과 은으로 돌아온 것이다.

금은 과거부터 거래와 결제 기능을 수행해 사실상 화폐 역할을 맡았다. 반면 은은 가난한 사람의 金poor man's gold으로 불렸다. 금을 갖고 싶은데, 너무 비싸서 대안으로 은을 산다는 것이다.

지금은 상황이 많이 달라졌다. 금은 대부분 귀걸이, 반지, 목걸이 등 장식용으로 사용되며 산업용 수요는 전체의 12~15%에 불과하다. 반면 은은 산업용 수요가 약 56%로 매우 높다. 전기 전도

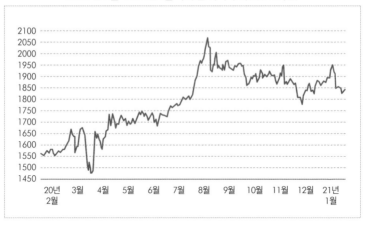

2020년 2월~2021년 1월 국제 금 가격 추이(1온스 기준)

출처: goldprice.org

금을 비롯한 원자재 가격은 이미 상당히 올랐다고 평가하는 이들이 많다. 하지만 2020년에도 지속적으로 상승했으며 2021년에도 그 흐름은 이어질 것으로 보인다.

율이 구리보다 훨씬 높아 태양광 패널과 고가의 IT·전자제품, 2차 전지 등에 많이 사용된다. 금과 은 가격은 비슷한 방향으로 움직이기 때문에 보통은 금 가격이 떨어지면 은 가격도 떨어진다.

투자자들이 달러를 팔고 금과 은으로 몰리자 가장 불안해진 쪽은 미국 정부다. 금과 은이 달러를 대체하면 달러 가치가 순식간에 무너질 수 있기 때문이다. 이 경우 기축 통화의 지위를 더 빨리 잃어버릴 수도 있다. 위기감을 느낀 FRB가 칼을 빼들었다.

2020년 7~8월 미국 시카고상품거래소CME는 매우 이례적으로 금과 은 거래의 선물 거래 증거금을 단기간에 4번이나 인상했다. 증거금은 거래를 시작할 때 일정 돈을 맡기는 위탁 증거금과, 계약을 유지하기 위한 최소 금액인 유지 증거금의 두 종류가 있다.

CME 조치로 선물 증거금이 금은 1계약(100온스 기준)당 9,020달러에서 1만 230달러로 13.4% 인상됐고 은은 1계약(5,000온스 기준)당 8,800달러에서 1만 4,575달러로 65.6%나 인상됐다. 금 가격은 약 36% 올랐는데, 은은 거의 200% 가까이 오른 걸 보면 은이 타깃이었다는 점을 쉽게 알 수 있다.

게다가 레버리지 비율까지 낮췄다. 금은 22배에서 19배로, 은은 12배에서 9배로 낮췄다. 투자자들은 금과 은을 사고, 그를 담보로 돈을 빌려서 다시 샀다가, 가격이 올라가면 또다시 돈을 빌려서 사는 레버리지 투자 방식으로 수익률을 높일 수 있었는데, 그 한도를 줄여 버린 것이다. 사방팔방으로 규제를 해 버리니 투자 매력이 뚝 떨어졌다. 그 여파로 금 가격은 한 달 만에 2,050달러에서 1,800달러로 10% 떨어졌다. 은 가격은 30달러에서 22달러로 무려 30% 이상 폭락했다.

미국 정부로서는 원하는 바를 이룬 셈인데, 사실 이런 개입이 처음은 아니다. 2011년 4월에도 비슷한 일이 있었다. 당시 금과 은 가격이 치솟아 달러를 위협했다. 중국도 달러 채권 대신 금을 사들여 외환 보유고를 채우겠다고 했었다. 금이 대세가 되어 버린 건데, 미국 정부는 당시에도 똑같이 선물 증거금을 대폭 인상해 금과 은 가격을 대폭 떨어뜨렸다. 덕분에 금과 은 가격 상승에 베팅했던 미국 헤지 펀드 투자자들은 엄청난 손해를 봤다. 이때 등장한 말이 "FRB에 대항하지 마라Don't Fight with Fed."였다. 귀금속 시장에서 FRB의 위력을 보여주는 대표적 사례로 통한다.

사실 FRB가 금 가격을 조절할 수 있는 힘은 금 보유량에서 나온다. 세계금협회World Gold Council가 2020년 8월 집계한 각국 중앙은행의 금 보유량을 보면, 미국이 8,134톤으로 압도적 1위다. 미국을 위협하는 중국은 1,948톤으로 6위다. 한국은 104톤으로 수년째 변화가 없다.

다만 이 통계는 정확하다고 보기는 어렵다. 각국 중앙은행이 금 보유량을 투명하게 밝히지 않기 때문이다. 게다가 중국은 비공

2020년 현재 각국 중앙은행의 금 보유 현황

순위	국가	보유량
1	미국	8,134톤
2	독일	3,364톤
3	이탈리아	2,452톤
4	프랑스	2,436톤
5	러시아	2,300톤
6	중국	1,948톤
7	스위스	1,040톤
8	일본	765톤
9	인도	658톤
10	네덜란드	613톤

출처: 세계금협회(World Gold Council)

세계에서 가장 금을 많이 보유한 나라는 미국이다. 미국은 2, 3, 4위 국가의 보유량을 합친 것과 비슷한 양의 금을 보유하고 있다. 하지만 각국 중앙은행이 금 보유량을 투명하게 공개하지 않아 이 순위는 실제와 다를 수 있다.

개적으로 금과 은을 지속적으로 매입하는 것으로 알려져 있어, 실제 금 보유량은 공개된 수치보다 높을 것으로 예상된다. 미국과의 무역 전쟁을 치르는 상황에서 외환 보유고를 전적으로 미국 국채에 의존할 수도 없기에 대안으로 금 보유량을 늘리는 것이다.

당분간 금과 은 가격은 계속 오를 것으로 보는 시각이 많다. 특히 미국의 전설적 투자자들이 금 투자와 금 채굴 회사 주식을 매입하고 있는 점에 주목해야 한다. 레이 달리오는 평소에도 "현금은 쓰레기다Cash is trash."라는 표현을 자주 사용했다. 물가가 계속 오르는 상황에서 현금을 손에 쥐고 있는 것은 바보짓이라는 뜻이다. 이미 말한 대로 그는 FRB의 국채 매입이 시작되자 "이제 달러는 끝났다."라고 말하며, 대체재인 금의 투자 비중을 크게 늘렸다.

평소 "매출도, 이익도, 배당도 없는 자산인데, 왜 투자하는가?"라며 극도로 금을 싫어했던 워렌 버핏조차 2020년에 세계 2위 금 채굴 기업인 배릭 골드에 약 6,700억 원을 투자해 세상을 놀라게 한 바 있다. 금 채굴 회사는 금값이 올라서 이익이 발생하면 다른 기업처럼 배당을 준다는 점만 다를 뿐, 기업 가치가 금 가격에 좌우된다는 점에서 금 투자와 사실상 똑같다.

이제 FRB의 금과 은 찍어 누르기가 어떤 식으로 진행될지 봐야 한다. 이게 성공할지, 실패할지도 알 수 없다. 월가 투자자들은 보이지 않는 손에 의해 가격이 통제된다는 점을 걱정하고 있다. 불확실성이 커지면 투자 위험도 커진다. 현재 금과 은이 딱 그런 처지라고 할 수 있다.

| FRB의 금 가격 찍어 누르기

일반적으로 FRB가 금 가격을 누르기 위해 쓰는 방법을 알아두면 투자 결정을 할 때 좋은 판단 근거가 될 수 있다. 방법은 이렇다.

예를 들어, 금 가격이 1온스당 2,000달러라고 하자. 트레이더 A가 선물 시장에서 대량으로 1,950달러에 매도 주문을 낸다. 만기일이 되는 시점에 금 가격이 하락할 것을 예측한 포지션이다. 동시에 A는 만기일에 금을 1,900달러에 살 수 있는 권리, 즉 콜 옵션Call Option을 매입한다. 팔겠다는 가격보다 더 싼 값에 금을 사겠다는 건데, 얼핏 보면 이해가 가지 않는 처신이다.

시장의 반응을 보자. 현재 가격이 2,000달러인데, 3개월 후에 돌아오는 만기일에 금 가격이 1,900달러로 폭락할 거라 예상한 투자자는 별로 없을 것이다. 그러니 이 옵션 가격은 매우 낮게 형성된다. 당연히 별 움직임이 없을 것 같다. 하지만 시장은 바빠진다.

여기서부터 게임이 시작된다. 선물 매도 계약은 만기일 전에 취소할 수 있다. A가 시장에 내놓은 대량의 매도 물량 계약이 진짜인지, 가짜 계약인지 투자자들은 헷갈려 한다. 이런 상황에서 누군가가 금을 현물 시장에서 1,950달러에 팔기 시작한다면? 비로소 투자자들은 선물 매도 계약이 진짜라고 생각할 것이다. 그러니 현물과 선물 시장 모두에서 매도 물량이 쏟아진다. 그 결과 금의 선물 매도 가격은 1,930달러가 된다. 마찬가지로 현물 시장에도 1,930달러에 매도 물량이 나온다. 팔려는 사람이 많으니 가격이 떨어지는 것이다.

이런 거래가 몇 차례 반복되면 현물 시장에서 금 가격은 1,900달러까지 떨어질 수 있다. 선물 만기일에 현물 가격이 1,900달러로 떨어지면 FRB가 등판한다. FRB는 뚝 떨어진 가격에 금을 다시 사들여 보유량을 유지한다.

A는 어떻게 됐을까? 현물 가격이 2,000달러에서 1,900달러까지 떨어지면 선물 거래에서는 1,950달러에 매도했기 때문에 손해를 보게 된다. 하지만 그가 매입한 콜 옵션은 만기일이 다가오면서 가격이 크게 치솟는다. 선물 거래에서 손해를 본 1온스당 50달러를 능가하는 돈을 콜 옵션을 통해 벌게 된다. 일반적으로 옵션 가격은 선물 가격보다 변동성이 2~3배 크기 때문이다.

이 모든 과정에 FRB도 '참여'하는 것으로 알려져 있다. FRB는 1,950달러에 금을 팔았다가 다시 1,930달러에 파는 식으로 지속적으로 금을 매도한다. 그러다가 최종적으로 다시 1,900달러에 금을 사들인다. 그 결과 약간의 평가 이익과 함께 금 보유량을 똑같이 유지한다.

종합하자면, 트레이더 A는 선물에서 손해를 보고, 옵션에서 더 큰 이익을 낸다. FRB도 금 가격을 잡으면서 보유량도 유지했다. 양쪽 모두 이익인 셈이다. 물론 FRB가 직접 선물 계약을 사고팔며 시장에 개입하는 것은 위법이다. 따라서 미국의 대형 투자은행들과 암암리에 진행하는 것으로 알려져 있다. 그들과 어떤 거래를 주고받는지는 아무도 몰라서 다양한 음모론이 등장한다.

금, 은을 비롯한 원자재 시장이 떠오르는 투자처인 것은 분명한 사실이다. 그러다 보니 최근에는 초대형 은행들이 원자재 가격을 조작하다 적발되기도 했다.

2020년 9월 미국 상품선물거래위원회CFTC는 "JP모건 체이스가 귀금속과 미국 국채 시장 가격 조작에 관한 혐의를 인정하고 9억 2,000만 달러(약 1조 원)의 벌금을 내는 것에 합의했다."라고 밝혔다.

블룸버그, 월스트리트저널 등 미국 언론은 CFTC와 법무부, FBI(연방수사국), 증권거래위원회SEC 등 정부 기관이 대거 동원된 초대형 수사였으며 벌금 규모는 역사상 가장 많다고 보도했다.

언론 기사를 보면, JP모건은 지난 2008~2016년에 금과 은, 백금, 팔라듐의 매수 주문을 냈다가 막판에 취소하는 '스푸핑spoofing'으로 시장 가격을 교란했다. 미국 국채 시장에서 대량으로 허위 매수, 매도 주문을 내면서 다른 트레이더들을 교란시킨 혐의도 적발됐다. 매수, 매도 주문을 내는 것은 불법이 아니지만, 다른 시장 참여자를 속일 목적으로 사고팔 의도가 없는 비非상식적 주문을 넣는 것은 사기 행위로 판단된다.

거액의 벌금을 내는 대신 법무부는 법원에 기소하지는 않았다. 미국은 기소를 하지 않고 대규모 벌금으로 금융사기 사건을 마무리하는 경우가 흔하다. 다만 벌금 액수가 한국보다 거의 100배가 많아서, 웬만한 대형 은행이 아니면 벌금을 감당하기 어렵다. 2008년 금융 위기를 촉발한 월가 은행들은 약탈적predatory 대출, 즉 갚을 능력이 없는 고객을 속여서 고금리 대출을 받게 만든 행위가 적발돼 수십억 달러의 배상금을 물어야 했다. JP모건 사례는 소문으로만 무성했던 대형 투자은행의 금, 은 등 귀금속 가격 조작이 사실로 드러난 것이다. 그것도 10년 넘게 장기간 이뤄졌다는 점에서 충격적이었다.

2019년에도 JP모건의 전현직 직원 3명이 귀금속 가격을 조작한 혐의로 기소된 적이 있다. 똑같이 스푸핑 기법을 이용해 가격을 인위적으로 끌어올리거나 내려서 다른 투자자들에게 수천만 달러의 손실을 입힌 혐의를 받았다. 2018년에는 UBS와 HSBC, 도이체방크 등 유럽계 은행 3곳도 스푸핑 기법이 적발돼 4,660만 달러(약 550억 원)의 벌금이 부과됐다.

| 비트 코인, 강력한 대안으로 등장하다

FRB가 금과 은 등 원자재를 찍어 누르자 주목받는 것이 비트 코인이다. 실제로 2020년 말부터 가격이 등락을 거듭하고는 있지만 대체로 급등하는 추세다. 비트 코인은 인플레이션에 대비하기 위한 안전 자산으로 평가받고 있다.

비트 코인은 암호 화폐Crypto-currency의 대표 주자다. 사토시 나카모토가 2008년 10월 "Bitcoin: A Peer-to-Peer Electronic Cash System"이라는 제목의 9쪽짜리 논문을 발표하면서 세상에 알려졌다. 정부와 중앙은행, 금융회사와 무관하게 온라인에서 개인과 개인이 직접 돈을 주고받을 수 있는 암호화된 화폐다. 개인 간 거래에서 발생하는 신뢰도 문제를 해결하기 위해 비트 코인은 블록체인

Block Chain 기술을 도입했다. 이는 블록에 데이터를 담아 체인 형태로 연결해 수많은 컴퓨터에 동시에 복제 및 저장하는 분산형 기술이다. 모든 거래 참가자들이 정보를 공유할 수 있고 위조 또는 변조가 불가능하다는 장점을 안고 있다.

이는 기술적 측면의 설명일 뿐이다. 비트 코인은 실제로는 기존 중앙은행의 집중화된 화폐 시스템에 대한 반발에서 시작됐다. 사실상 개인이 정부와 중앙은행으로부터 독립을 선언한 것이다. 중앙은행은 원하면 지금처럼 무한대로 돈을 추가로 찍어낼 수 있지만, 비트 코인은 최대 발행 물량이 약 2,100만 개로 정해져 있다.

달러가 기축 통화 역할을 하고 있지만, 세계 각국은 모두 자국의 화폐를 사용한다. 문제는 통화 간 환율 변동 폭이 너무 크다는 것이다. 한국을 보면, 1990년대 중반까지 1달러에 800~900원을 오가다가, 외환 위기가 터지자 2,000원까지 올라갔다. 태국과 말레이시아 등 동남아 국가도, 영국을 비롯한 유럽도, 베네수엘라를 비롯한 남미 국가들도 자국 통화가치가 급격하게 추락하며 달러가 부족한 외환 위기 사태를 모두 겪었다.

외환 위기의 최대 피해자는 바로 신흥국과 저개발 국가의 중산층 이하 서민들이다. 그들이 갖고 있던 지폐는 하루아침에 휴지 조각이 돼 버렸다. 그 돈으로는 빵과 우유 등 양식도 살 수 없게 됐다. 그러거나 말거나 달러는 전 세계로 점점 더 많이 퍼져 나갔다. 미국은 전 세계에 달러 패권을 구축했다.

비트 코인은 이러한 기존 미국 중심의 통화 체계에서 벗어나고픈 욕망에서 비롯된 것으로 볼 수 있다. 전 세계에서 단 하나의 단일 통화, 비트 코인을 사용하면 국가 간 환율 변동의 위험에서 완전히 벗어날 수 있다. 예를 들어 빵 하나에 미국은 0.1코인, 스웨덴은 0.11코인, 브라질은 0.12코인이라고 하자. 국가별 물가나 환경에 따라 가격은 다를 수 있지만 화폐는 비트 코인 하나밖에 없기 때문에 국가 간 환율 변동에 따른 고충은 사라진다.

이처럼 원대한 꿈에 개인들이 열광하고 비트 코인의 희소성이 가미되면서, 2017년 12월 가격은 개당 2만 달러를 넘어서며 폭등했다. 하지만 예상만큼 비트 코인의 사용이 확산하지 않고, 투기 열풍이 잦아들면서 2018년 9월에는 3,200달러까지 폭락했다. 2019년 중반에는 한때 1만 달러를 회복하기도 했지만 2020년 3월 코로나 사태가 터지면서 다시 5,180달러까지 추락했다.

이랬던 비트 코인 가격이 얼마 후 1만 달러를 회복하고, 순식간에 2만 달러를 돌파하더니 2021년 초에는 4만 달러까지 치솟았다. 월가의 투자자들이 금과 은을 팔고 비트 코인에 몰린 것이다. 왜 그들은 비트 코인을 선택한 것일까? 이미 말한 대로다. 인플레이션은 피하기 어려울 것 같고, 금과 은의 가격은 이미 충분히 상승했다. 게다가 FRB가 달러를 지켜내기 위해 금과 은 가격을 짓누르는 상황이 이어졌다. 투자자들이 FRB를 이길 수 있겠는가? 그러니 금과 은 대신 비트 코인을 선택한 것이다.

실제로 기관 투자자들의 비트 코인을 바라보는 시각은 상당히 많이 변했다. 비트 코인이 인플레이션에 대비하는 안전 자산으로 기존의 금을 대체할 수 있다는 관점이 큰 설득력을 얻고 있다.

헤지 펀드인 튜더 인베스트먼트Tudor Investment에서 약 38억 달러를 운용하는 폴 튜더 존스는 2020년 8월 트윗을 통해 "나의 유일한 후회는 비트 코인을 더 사지 않은 것이다."라고 전했다. 그는 달러화 가치 하락에 대비해 순자산의 2%인 1,000억 원 이상을 비트 코인에 투자한 것으로 전해졌다. 씨티그룹은 "비트 코인은 디지털 골드Digital Gold로 볼 수 있으며 1970년대 금과 비슷한 가격 움직임을 보일 것이다."라고 전망하며 2021년 말 목표 가격을 31만 8,000달러로 제시했다. 2020년보다 15배 넘게 올라간다는 것이다. 이 전망을 그대로 믿기는 어렵지만, 무시하기도 어렵다.

비트 코인의 결제 기능이 강화된 점도 투자 매력을 높이고 있다. 세계 최대 전자 결제 기업인 페이팔PayPal은 2020년 10월 사용자가 앱에서 암호 화폐를 사고팔고, 보관할 수 있는 매매 서비스를 도입했다. 이 서비스는 미국부터 시작해 전 세계 3억 4,600만 계정 보유자에게 제공될 예정이다. 더 중요한 것은 이 서비스에 암호 화폐 결제 기능이 추가된 것이다. 페이팔의 공식 발표 후 20일도 지나지 않아 가맹점 2,600만 곳 가운데 65%가 비트 코인을 결제 수단으로 받고 있다. 아직 보편화되지 않았지만, 점차 사용 기반을 넓혀가고 있다. 그것도 IT 업계 영향력이 막강한 페이팔과 함께.

| 비트 코인 투자, 이 점을 주의하라

정부, 특히 중앙은행 입장에서는 달러의 대체 수단으로 비트 코인의 부상이 결코 반갑지 않다. 귀금속처럼 투자 상품의 일종으로 사고파는 것은 상관없지만, 달러를 대체하는 결제 수단으로 이용되는 것은 절대 받아들일 수 없다. 이 때문에 투자자들은 리스크에 고스란히 노출된다. 정부가 보호해주지 않기 때문이다. 투자할 때 꼭 알아둬야 할 점이 있다.

첫째, 암호 화폐는 법정法定 통화가 아니다. 개인 간의 사적 거래이기 때문에 문제가 생겼을 때 법적으로 보호받을 수 없다. 따라서 암호 화폐 거래소에서 팔아서 현금으로 바꿔야지, 일반 은행에서 비트 코인을 주고 현금을 받을 수 없다. 적절한 시점에 현금화해야 한다는 뜻이다. 최악의 경우 비트 코인이 파산하면 내 돈은 '0'이 된다.

둘째, 변동성이 지나치게 크다. 화폐는 거래 결제 수단일 뿐만 아니라, 안전성이 매우 중요하다. 오늘과 내일의 가치가 크게 달라진다면 화폐 기능을 수행하기 어렵다. 비트 코인 가격 그래프를 보면 롤러 코스트를 보듯 출렁거린다. 이 때문에 인플레이션 위험을 줄이면서 부富를 저장하는 수단으로는 적합하지 않다는 의견이 많다.

셋째, 정부와 중앙은행이 암호 화폐의 결제 기능을 금지시킬 수 있다는 우려다. 비트 코인이 결제 수단으로 자리 잡으면 중앙은행이 발행하고 보증하는 기존 화폐가 설 자리가 없어진다. 특히 비트 코인은 수많은 컴퓨터에 장부가 복사되고 저장된다. 이렇게 되면 은행이 사실상 필요 없어진다. "화폐는 정부만이 찍어낼 수 있다."라는 믿음이 무너지는 셈이다. 이는 정부와 중앙은행의 국가 권력을 빼앗는 것과 마찬가지여서 정부로서는 절대 용납할 수 없다. 비트 코인 가격이 많이 올랐어도 시가 총액(코인 수에 가격을 곱한 금액)은 2021년 1월 20일 기준 약 6,480억 달러에 불과해 아직까지는 수십, 수백조 달러를 움직이는 중앙은행에 위협이 되지 않는다.

넷째, 실제로 미국에서부터 비트 코인의 결제를 금지시킬 가능성이 있다. 물론 비트 코인 가격이 씨티그룹 전망대로 폭등하고, 페이팔처럼 결제 기능이 전 세계로 뻗어 나가는 상황을 전제로 한 가정이다. 이 경우 미국은 비트 코인의 결제를 금지시킬 가능성이 높다. 24억 명의 사용자를 확보한 페이스북의 리브라Libra를 보면 쉽게 이해가 된다.

2019년 6월 페이스북은 전 세계가 공동으로 사용하는 가상 화폐를 통해 '국경 없는 금융 사회'를 만들겠다며 '리브라 연합'을 출범시켰다. 당시 공개된 28개 기업에는 페이스북, 비자, 마스터카드, 페이팔, 스포티파이, 우버, 이베이 등 주요 기업들이 포함돼 있었다. 글로벌 네트워크, 결제, 유통까지 아우르는 게 전혀 문제가 되지 않을 정도였다. 리브라는 원래 전 세계 화폐와 가치가 연동된 스테이블stable 코인으로, 달러, 유로, 엔 등 주요국 통화와 가치가 연동된 가상 화폐다. 이렇게 되면, 리브라 하나만 있으면 전 세계 어디서나 사용할 수 있는 글로벌 단일 통화가 탄생하는 것이다. 기축 통화인 달러를 대신하겠다는 구상이니, 미국 정부가 이를 반길 리가 없다.

미국 정부와 의회는 리브라가 은행의 기능과 국제 통화 질서를 약화시킬 것으로 우려했고, "페이스북은 과거 개인정보가 대규모 유출된 사례가 있어 믿을 수 없다."라며 다양한 압박을 가해왔다. 여기에 다른 나라 정부까지 가세하면서, 페이스북은 결국 꿈을 접었다. 어쩌면 비트 코인도 비슷한 운명을 맞을 것이라는 전망이 나오는 이유다.

3

디지털 화폐와
화폐 개혁 논란

2020년 10월 12일 오후 6시 중국 광둥廣東성 선전深圳시에서 색다른 이벤트가 시작됐다. 중국 중앙은행인 인민은행이 주최한 이 이벤트는 1주일 동안 진행됐다. 시민 5만 명과 슈퍼마켓, 식당 등 상업 시설 3,400곳이 참여했다.

인민은행은 시민 5만 명을 추첨으로 뽑아 200위안(한화 약 3만 3,400원)씩 나눠 줬다. 단, 현금으로 주지는 않았다. 이 돈은 스마트폰 애플리케이션을 통해서만 쓸 수 있었다. 정부가 발행한 '디지털 위안화'였던 것이다.

이 이벤트는 정부가 발행한 디지털 화폐를 자유롭게 사용해 보는 실험이었다. 참여한 시민들은 모바일로 디지털 위안을 쓰기만 하면 됐다. 결과는 꽤나 성공적이었던 것으로 알려졌다. 시민이나 상점 모두 아무런 불편을 느끼지 않았다고 한다. 지폐와 동전,

그러니까 현물 화폐가 없어도 거래가 원활하게 이뤄진 것이다.

┃ 중국이 쏘아올린 '정부 디지털 화폐'

사실 이 디지털 화폐는 전 세계 중앙은행 대부분이 도입을 검토하고 있는 첨단 시스템이다. 중앙은행이 인증한 공식 화폐라는 점이 기존 암호 화폐와 다르다. 이 때문에 정식 명칭은 '중앙은행 디지털 화폐CBDC, Central Bank Digital Currency'다.

중국의 이벤트가 세계적으로 주목을 받았던 까닭이 있다. 아직까지는 그 어느 나라도 시도를 하지 못했던 것이다. 맞다. 중국이 이 이벤트를 통해 가장 먼저 이 시스템의 상용화를 시도했다. 중국은 나아가 2022년 베이징 동계올림픽 개최 때까지 디지털 화폐를 중국 전역에서 쓸 수 있도록 한다는 계획도 갖고 있다.

CBDC는 비트 코인처럼 블록체인 기술을 기반으로 하는 점에서 암호 화폐와 비슷하다. 다만 중앙은행이 발행하는 법정 통화라는 점에서 큰 차이가 있다. 법정 지폐와 동전을 디지털 코드로 바꿨을 뿐, 현물 화폐와 아무런 차이가 없다는 뜻이다.

CBDC 도입에 대한 논의는 오래전부터 있었다. 하지만 결제 가맹점 확보, 보안 등의 기술이 구축되지 않아 미뤄지고 있었다. 그러던 중 코로나 사태가 터졌고, 이때부터 주목을 받기 시작했다. 지폐와 동전을 주고받는 과정에서 신종 코로나 바이러스가 전파될 수 있으니 디지털 화폐로 바꾸자는 주장이 설득력을 얻었다.

사실 지폐를 통해 바이러스가 감염됐거나 전파된 사례는 아직까지 보고된 바 없다. 문제는 공포심이다. 공포심은 때론 새로운 문물의 등장을 앞당기는 법이다. 그러니 머잖아 여러 국가에서 CBDC가 출현할 가능성은 상당히 크다.

예측해 보자. CBDC가 도입되면 어떻게 달라질까?

정부와 중앙은행은 특정 기간을 정해놓고 현물 화폐를 은행에서 디지털 화폐로 전환하라고 할 것이다. 장롱에 보관했던 현금 1,000만 원을 은행에 맡기면, 계좌에 1,000만 원이 찍히고, 중앙은행은 수거한 돈을 일정 기간이 지난 후에 폐기한다. 디지털 화폐 교환 기한을 넘긴 현금은 불법 화폐로 간주된다. 당연히 그 현물 화폐로는 나중에 물건을 살 수 없다. 다만, 지하경제로 숨어들어 개인 간에 거래될 수 있는 있지만, 법적으로 보호를 받지 못한다.

이 제도가 정착되면 화폐 발행과 관리에 드는 막대한 예산을 줄일 수 있다. 불법 탈세와 돈세탁으로 감춰진 지하경제를 양성화할 수 있는 것도 장점이다. 물론 위조지폐 같은 것은 존재할 수도 없다. 소비자로서는 송금과 결제 시간이 단축되고 현금을 들고 다닐 필요가 없다는 것도 장점이다.

정부 측면, 그러니까 중앙은행으로서도 장점이 많다. 일단 시중 은행을 거치지 않고 직접 소비자의 금리 정책에 개입할 수 있다. 그러면 통화 정책을 세우기도 쉽다. 반대로 시중 은행들은 잃는 게 많아진다. 무엇보다 시중 은행의 전통적 영역인 입출금, 송금, 결제 기능이 약해진다. 오랫동안 자본주의 핵심 역할을 맡아왔던 은행의 존재 가치가 희미해진다. 이 경우 수익 기반도 크게 약화할 것이다. 그러면 은행들은 새로운 영역을 찾아야 한다. 아마도 고객들의 자산을 불려주는 자산 운용 업무로 빠르게 넘어가지 않을까 싶다.

가장 우려되는 문제는 따로 있다. 바로 '빅 브라더Big Brother'의 출현이다. 디지털 화폐가 도입되면 중앙은행은 개인과 기업의 모든 금융거래 내역을 파악할 수 있다. 너무 투명해서 금융 분야에서 더 이상의 프라이버시는 존재하지 않는다. 공상과학 영화에서처럼 불순한 의도를 가진 권력자가 중앙은행을 이용해 개인과 기업을 순식간에 파산시키거나 백만장자로 만들 수도 있다.

아직 논란이 많지만 흐름은 바꿀 수 없을 것 같다. 특히 중국은 2014년부터 CBDC 연구를 시작했으며 이 분야에서 달러를 제치고 글로벌 주도권을 잡겠다는 의지가 강력하다. 시진핑 중국 국가주석은 2020년 11월 화상 회의로 진행된 주요 20개국G-20 정상 회의에서 주요 국가들이 보다 개방적이고 포용적인 자세로 디지털 화폐 도입의 원칙을 만들어야 한다고 강조하기도 했다.

유럽 중앙은행ECB도 매우 적극적이다. IMF 총재를 지냈던 크리스틴 라가르드 ECB 총재 또한 이렇게 말했다. "금융업의 안전을 지키면서도 변화에 대해서도 관대해야 한다. 디지털 화폐를 혁신 기술로 인정해야 한다."

ECB는 회원국들과 공개 논의를 거쳐 2021년에 도입 여부를 결정한다는 일정을 제시했다. 그렇다면 한국은 어떨까? 아직까지 한국은행은 디지털 화폐 도입에 적극적이지는 않다. 하지만 글로벌 추세를 외면할 수는 없을 터. 한국은행도 2021년에 시범 테스트를 진행할 예정이다.

| 마이너스 금리 시대, 어쩔 수 없는 선택?

미국은 국제 사회의 이런 움직임이 달갑지 않다. 이 경우에도 자칫 달러가 기축 통화의 지위를 잃을 수도 있기 때문이다. 하지만 대세를 거스를 수 없다는 점 또한 충분히 알고 있다. 그러니 신중하게 접근한다. 제롬 파월 FRB 의장은 2020년 IMF 연례 총회에서 이렇게 말했다. "CBDC의 유용성과 잠재성은 충분히 인정하지만, 도입하기 이전에 신중하게 검토할 사안이 많다. 미국의 디지털 화폐 발행은 아직 결정된 바 없다."

제롬 파월은 추가로 이렇게 말했다. "미국은 이미 안전하고 우수한 결제 시스템이 갖춰져 있으며, 미국 인구 대부분이 금융 인프라에 접근할 수 있다." 이 대목에서는 살짝 의문이 든다. 미국 현실이 제롬 파월의 언급과 상당히 다르기 때문이다. 한국은 신용카드와 핸드폰 결제가 보편화되면서 '현금 없는 사회Cashless Society'에 빠르게 다가서고 있다. 반면 미국은 아직도 현금 결제의 비중이 상당히 높다. 신용카드를 만들려면 은행 신용 점수가 높아야 하고 수수료를 지불해야 한다. 미국에서 이 조건을 감당하지 못하는 이들은 의외로 많다. 게다가 이 수수료 수입은 미국 은행들의 중요한 수입원이기도 하다.

사실 미국에서도 오래전부터 디지털 화폐에 대한 연구를 진행해 왔다. 다만 목적은 유럽과 많이 다르다. 해킹 방지와 같은 안전성 측면을 강화하려는 목적도 있지만 그보다는 디지털 화폐 도입 후 달러 패권이 어떻게 바뀌며, 그 어떤 상황에서도 달러 패권을 유지하기 위한 방법이 무엇일까를 모색하는 게 연구의 목적이다.

이쯤에서 그런 의문을 품을 법도 하다. 미국이 껄끄러워하는데도, 왜 각국은 디지털 화폐를 도입하려고 하는 것일까? 큰 틀에서 보면, 통화 정책을 보다 원활하게 하기 위해서다. 구체적으로 살펴보자.

만약 디지털 화폐가 도입된다면 정부로서는 금리와 통화 정책을 관리하는 또 하나의 수단을 확보할 수 있게 된다. 특히 유럽과 일본에서는 이게 상당히 중요해진다.

이미 유럽과 일본의 금리는 사실상 제로 수준이다. 더 내려갈데가 없다. 그렇지만 각국 중앙은행은 마이너스로 금리를 더 내리고 싶은 욕구가 강하다. 정부는 금리를 마구 내림으로써 국민들이 '은행에 돈을 맡기면 손해가 크니 차라리 소비하자.'라고 생각하기를 원한다. 생각해 보라. 금리가 -1%라면 은행에 1억 원을 맡겼을때 매년 100만 원의 수수료를 내야 한다. 그럴 바에야 차라리 100만 원어치 물건을 사는 게 더 이익이 아닐까? 정부는 여기에서 더 나아가 아예 저축하지 말고 평생 소비하면서 살기를 원한다. 그래야 경기가 살아나니까!

이러니 디지털 화폐를 적극 도입하려는 거다. 내 휴대폰에 돈이 저장돼 있으면 은행에 갈 필요 없이 언제든 손쉽게 소비할 수 있다. 바로 그 점을 노린 거다. 실제로 2015년 IMF의 "Breaking Through the Zero Lower Bound" 보고서에 따르면 이미 그때부터 마이너스 금리 정책에 따라 지폐를 없애고 디지털 화폐를 도입하는 방안을 연구한 것으로 나온다. 경기 회복을 원하는데 기존의 금리 정책만으로는 한계가 있으니 이를 돌파하기 위해 디지털 화폐가 필요하다는 게 보고서의 핵심이다.

유럽과 일본뿐만 아니라 미국에서도 디지털 화폐 도입을 진지하게 검토하고 있는 두 번째 이유. 경기 부양책을 쓸 때 디지털 화폐가 훨씬 효과적이기 때문이다.

경제 위기 상황일 때 중앙은행은 돈을 시중 은행에 푼다. 그러면 시중 은행은 기업과 개인에게 다시 돈을 푼다. 더 이상 이 방식이 효율적이지 않기 때문에 정부가 디지털 화폐를 직접 기업과 개인에게 푼다는 뜻이다. 이번 코로나 사태를 겪으면서 이 방식이 훨씬 효율적이란 사실은 명확해졌다.

예를 들어 경제 위기 상황에서 정부가 아무리 재촉해도 은행이 기업과 개인에 대한 신용 대출을 꺼리면 정책 효과는 반감된다. 시중 은행들은 주주의 이익을 위해 움직인다. 그러니 정부의 압박을 받으면서도 버티는 게 이상할 건 없다. 은행들은 정부 기관이 보증을 서지 않으면 기업과 개인에 대한 대출을 허용하지 않을 수 있다. 심지어 대출금을 갚을 여력이 없다고 판단되면 기존 대출금을 무차별적으로 회수하기도 한다.

비 오는 날 우산을 빼앗는다는 말이 딱 이럴 때 쓰라고 있는 것 같다. 실제로 2008년 글로벌 금융 위기가 터졌을 당시 은행들이 그랬다. 은행들은 손해를 메우고 현금을 확보하기 위해 담보로 잡은 주택을 대규모 경매 처분했고, 미국의 중산층들은 길거리로 쫓겨났다.

CBDC가 도입되면 상황이 달라진다. 정부가 직접 자금이 필요한 기업과 개인의 은행계좌에 돈을 넣어주면 되니까, 시중 은행들에게 더 이상 부탁할 이유도 없다. 물론 여전히 은행의 협조는 필요하다. 따라서 만약 미국 정부가 CBDC를 전격 도입한다면 시중 은행에게 상당한 당근을 제시할 수밖에 없을 것이다.

일단 지금까지는 미국 정부가 당장 CBDC를 도입할지 미지수다. 하지만 지금까지 살펴본 대로 가능성이 전혀 없는 것은 아니다. 이 경우 유럽과 일본이 CBCD를 도입하는 것과는 비교할 수 없을 정도의 파급 효과가 전 세계로 퍼질 것이다. 그 경우 한국도 그 파장을 피할 수는 없다.

| 솔솔 번지는 화폐 개혁 논쟁

일반적으로 경제 상황이 좋으면 자영업자든 기업이든 부채가 증가한다. 돈을 빌려 시설 투자를 늘리고 사람을 더 고용한다. 빚이 늘어도 크게 걱정하지 않는다. 매출을 높이면 되니까.

경제 위기가 닥치면 소비가 줄어든다. 그러면 기업은 제품이 팔리지 않아 도산하고, 자영업자는 손님이 줄어 폐업한다. 이들 기업과 개인은 파산을 선고한다. 그래도 은행에서 빌린 대출금은 갚아야 한다. 결과적으로는 전체 부채 규모가 줄어든다.

이 '빚잔치'를 벌이는 과정에서 부실기업은 퇴출한다. 은행들도 돌려받지 못한 대출금은 '0'으로 처리한다. 일종의 '디 레버리징De-leveraging'이다. 아주 고통스러운 과정이지만 이를 통해 한계 기업과 개인 사업자가 모두 정리되고 부채 규모가 줄어든다. 그러면 경제는 '순환'하기 시작한다. 다시 기업과 개인 사업자가 서서히 대출을 일으키고, 부채 전체 규모가 늘어난다. 다시 처음으로 돌아가는 것이다. 2000년대 초반 IT 버블 붕괴, 2008년 글로벌 금융 위기 직후에도 이러한 부채 사이클이 반복됐다.

코로나 경제 위기에서는 조금 상황이 달라졌다. 디 레버리징 과정이 생략됐다. 정부가 개인과 기업의 파산을 막기 위해 적극 나섰기 때문이다. 미국, 유럽, 일본은 물론 한국도 상황이 다르지 않다. 정부와 중앙은행이 한 몸처럼 움직이고 있다. 정부가 과도하게 국채를 발행하고, 투자자들이 사지 않으면 중앙은행이 모두 떠안았다. 그러다 보니 국가 부채는 눈덩이처럼 불어나고 있다.

미국 바이든 행정부의 초대 재무부 장관에 재닛 옐런 전 FRB 의장이 임명된 것은 시사하는 바가 아주 크다. 원래 미국 중앙은행의 역할을 하는 FRB는 통화 정책의 중립성을 위해 재무부와 일정 부분 긴장관계를 유지하며 '견제와 균형Check and Balance' 원칙을 지켜간다. 대통령과 행정부가 민심을 얻으려고 금리를 낮추고 시중에 돈을 풀라고 요구하면 중앙은행은 맞선다. 그런데 전 FRB 의장이 재무부 장관으로 임명됐다. 국채를 발행하는 재무부와 채권을 사주는 FRB의 밀월 관계는 당연히 한층 더 공고해질 것이다. 바이든 행정부도 '그린 뉴딜Green New Deal'을 명분으로 엄청난 양의 국채를 발행하고, FRB가 이를 적극 매입할 것으로 예상된다.

미국 재무부가 밝힌 2020년 6월 말 기준 연방 정부의 총 부채는 약 22조 달러다. 미국 의회 예산국CBO에 따르면, 2020년 총 부채는 미국 GDP의 98%까지 증가하고, 2021년 104%, 2023년 107%, 2050년 195%로 늘어날 것으로 전망된다. 재정 적자는 2020년 GDP의 15%로 급격히 늘었다가 2030년 5%까지 줄어들지만, 2050년에는 13%까지 늘어날 것으로 전망했다. 이는 지난 50년 동안 연평균 3% 수준을 유지하던 것에 비하면 너무도 버거운 수준이다.

흥미로운 사실이 있다. 부채가 이렇게 늘어나는데 연방 정부가 지급하는 이자 액수는 감소한다는 것이다. 지속적인 저금리 정책 때문이다. 미국 재무부에 따르면, 총 이자 비용은 2019년 5,746억 달러에서 2020년 3,935억 달러로 감소할 것으로 잠정 집계됐다. 국채 발행 금리가 2019년 2.6~3.6%에서 2020년 1.1~2.1%로 크게 떨어진 덕분이다. 퓨PEW 리서치 센터에 따르면 미 연방 정부의 순이자 지급액은 1990년대 중반 GDP의 15%까지 치솟았다가 2019년 8.7%까지 떨어졌다. 2021년에는 이 비율이 약간 높아질 것으로 예상되지만, 아직은 버틸 여력이 충분하다.

그렇다고 해서 정부가 국채 발행과 재정 적자를 통해 경제를 떠받치는 비非정상적인 경제 상황이 영원히 지속될 수는 없다. 재정 적자는 세금을 더 걷든지, 아니면 재정 지출을 대폭 줄여서 흑자를 맞춰야 하는데, 그 어느 쪽도 쉽지 않다. 세금을 더 걷으면 국민들의 반발에 직면할 것이고, 재정 지출을 축소하면 경기가 위축되고 사회 보장이 축소되지 않겠는가? 그러니 그 어느 쪽도 현실성이 없다. 인플레이션과 시중 금리 인상 추세에 맞춰 기준 금리를 올리는 방안은 어떨까? 안 된다. 그랬다가는 연방 정부가 이자 부담을 감당하지 못해 파산할 수 있다.

거참, 정말로 미국 정부로서는 난감한 상황이다. 코로나 경제 위기 상황에서 쓸 수 있는 패가 그야말로 하나도 없잖은가? 이래서 화폐 개혁 이야기가 나오는 것이다.

| 화폐 개혁, 정말 이뤄질까?

의외로 많은 전문가들이 이 화폐 개혁에 주목하고 있다. 당장 현실성이 없어 보이지만 다른 방법이 없는 상태에서 최후로 남은 보루가 바로 화폐 개혁이기 때문이다. 파급 효과가 엄청 크기 때문에 상상하기 싫지만 현실이 될 수 있다는 이야기다.

화폐 개혁Re-denomination을 다른 말로 풀자면 '화폐 단위 변경'이다. 제대로 시행만 한다면 인플레이션을 잠재우고, 정부의 재정 적자까지 해결할 수 있다. 두 마리 토끼를 한꺼번에 잡을 수 있는 해법인 셈이다. 하지만 개인과 기업, 특히 재산이 많을수록 손실이 커진다. 시행이 된다면? 이미 말한 대로 파급 효과가 엄청 크다. 사방에서 악 소리, 비명 소리가 들릴 것이다.

화폐 개혁 시나리오는 이렇게 진행된다. 먼저 정부가 긴급 비상조치를 통해 기존 화폐를 폐지하고 새로운 화폐로 바꿔 주면서 단위를 변경하겠다고 알린다. 아마 이런 식이 될 것이다.

"○○○○년 1월 1일 자로 새로운 화폐를 발행합니다. 교환 비율은 100 대 1입니다. 기존 100달러 지폐를 새로운 1달러 지폐로 바꿔 준다는 뜻입니다. 1월 1일 이전까지 갖고 있는 모든 지폐와 동전을 은행에서 바꿔야 합니다. 교환 기한을 엄수해야 합니다. 1월 1일 이후 기존 화폐는 사용이 금지되며 법적으로 보호받지 못합니다."

과거 한국 정부가 대통령 긴급명령을 통해 1993년 금융 실명제, 1995년 부동산 실명제를 전격적으로 시행한 것과 비슷한 방식이다.

이게 전혀 불가능할 거라고? 아니다. 이미 역사적으로 전 세계에서 여러 차례 화폐 개혁이 단행된 바 있다. 일단 과거 독일 사례를 먼저 살펴보자.

제1차 세계 대전에서 패배한 독일은 1919년 유럽 승전국들과 베르사유 조약을 체결했다. 연간 20억 금마르크를 66년 동안, 총 1,320억 금마르크의 전쟁 배상금을 지불하기로 했다. 전쟁으로 황폐해진 독일 국민이 감당할 여력을 넘어선 액수였다. 세금을 걷을 상황이 안 되니 독일 바이마르 정부는 마구잡이로 돈을 찍어냈다.

그 결과는 '하이퍼 인플레이션Hyper-inflation(살인적 수준의 고물가)'이었다. 빵 한 덩이 가격이 1918년 50페니히(구 독일의 화폐 단위로 1마르크=100

페니히)에서 1923년 1,000억 마르크로 올랐다. 환율은 1달러에 4조 마르크였다. 땔감으로 나무 대신 지폐를 쓰고 벽지 대신 지폐로 도배하는 게 더 저렴했다. 돈을 찍어낼 때 쓰는 종잇값이 지폐의 가치를 훨씬 초과했다.

결국 독일 바이마르 정부는 1923년 화폐 개혁을 단행했다. 새로운 마르크화를 발행하면서, 기존 화폐와 1조 대 1의 비율로 교환하고 나서야 겨우 하이퍼 인플레이션을 잡을 수 있었다.

먼 과거의 일만은 아니다. 21세기에도 비슷한 사례가 있었다. 아프리카의 짐바브웨, 남미의 베네수엘라가 독일과 똑같이 하이퍼 인플레이션을 겪었다. 이때도 여지없이 화폐 개혁으로 이어졌다.

물론 지금의 미국 상황이 과거 독일이나 짐바브웨, 베네수엘라와는 다르다. 그러니 화폐 개혁을 단행할 가능성이 아주 높지 않다고 볼 수도 있다. 하지만 앞서 말한 대로 산적한 문제를 해결하기에 이보다 더 급진적인 방법이 없는 것 또한 사실이다.

금리도 올리지 못하고 세금도 더 걷지 못하는 상황이 향후 수년 동안 계속된다면 움직일 가능성이 없지는 않다. 그렇게 된다면 먼저 디지털 화폐를 발행한 후 추이를 봐서 1~2년 후에 화폐 개혁을 단행할 것이다.

사실 새로운 화폐를 발행하고 보급하고 관리하려면 초기 비용이 상당히 많이 들어간다. 게다가 기존 화폐를 보유한 사람들, 그중에서도 불법 자금을 갖고 있는 지하경제 세력의 반발이 크다. 하지만 디지털 화폐가 도입되면 이 문제를 쉽게 해결할 수 있다. 정부와 중앙은행이 발표하고, 곧바로 디지털 계좌의 숫자를 줄이면 된다. 예를 들어 100 대 1 비율로 화폐 개혁이 이뤄지면 은행 계좌 잔액을 1,000달러에서 10달러로 줄이기만 하면 끝이다. 물건값도 100달러가 1달러가 된다. 은행에서 실랑이를 벌일 필요도 없다. 지하경제 자금? 신고하고 실명 처리하지 않으면 휴지 조각이 된다.

물론 미국을 비롯한 전 세계 중앙은행이 화폐 개혁을 단행할지 여부는 아무도 모른다. 하지만 많은 경제 전문가들은 "정부 부채가 감당할 수 없을 정도로 늘어나고 있어, 정상적인 방법으로는 해결이 불가능하다. 디지털 화폐 개혁 말고는 대안이 없다."라고 말한다.

이들은 화폐 개혁에 대비하는 방법으로 현금을 보유하기보다는 금과 은 등 귀금속과 '디지털 골드'로 불리는 비트 코인, 원유와 광물 등 원자재와 주식과 부동산 등 실물 자산을 미리 사두라고 말한다. 현금은 명목상 가치가 줄어들기 때문에 실질 가치가 증발할 수 있지만, 실물 자산은 어떤 형태로든 그대로 존재하며 교환가치를 인정받기 때문이다. 그래서 미국과 유럽의 많은 부호들은 오래 전부터 금괴Gold Bar를 꾸준히 사 모으고 있다. 인플레이션도 대비하고, 만약에 있을 지도 모를 화폐 개혁에서 자신들의 부富를 지키기 위한 목적에서다.

| 화폐 개혁 단행하면 소비 늘어난다?

한국에서도 화폐 개혁이 논의된 바 있다. 2019년 3월 이주열 한국은행 총재는 국회 답변에서 "리-디노미네이션을 검토할 때가 됐다."라고 말했다. 논란이 커지자 정부는 "원론적 이야기일 뿐, 전혀 검토한 바 없다."라며 긴급히 진화에 나섰다. 그런데 정말 이런 화폐 개혁이 한국에서 단행될 가능성이 전혀 없는 것일까?

일단 한국은행이 화폐 개혁을 검토할 명분은 충분하다. 현재 원-달러 환율을 보면 1달러에 1,100원 전후로 움직인다. 1,100원을 외환 시장에 가져가야 1달러를 받는다는 뜻이다. 이 교환 비율이 과연 적정한 것인지 의문이 든다. 한 국가의 경제력을 보여주는 대표적 지표인 GDP만 놓고 보자. 한국은 미국의 10분의 1 수준이다. 그렇다면 환율은 10배 정도가 적당하다. 1달러에 11원 정도가 적합하다는 뜻이다.

하지만 지금 상황을 보라. 적정 교환 비율보다 100배가 높은 1,100원 수준이다. 유럽과 일본, 중국의 환율도 감안해야 하지만, 일단 글로벌 기축 통화인 달러와 비교만 해 봐도 뭔가 부적절하다는 느낌이 들지 않는가?

게다가 화폐 단위가 크면, 자동적으로 화폐 관리 비용이 많이 들어가고, 인플레이션을 유발할 여지도 크다. 물건값이 1,000만 원에서 1,100만 원으로 오를 때와, 100원에서 110원으로 오를 때를 비교해 보면 이 사실을 알 수 있다. 똑같이 10%가 올랐지만 심리적으로는 100원에서 110원으로 올랐을 때가 부담이 덜 느껴진다. 이처럼 화폐 단위가 커지면 돈의 가치가 그만큼 작다고 느껴지기 때문에 인플레이션에 대한 저항감이 작다. 반대로 물가는 더욱 빠른 속도로 올라간다.

만약 화폐 개혁이 단행됐다고 해 보자. 현금을 많이 가지고 있던 개인과 기업이 치명타를 입을까? 언뜻 보기엔 그럴 수 있다. 명목상 재산이 갑자기 100분의 1로 줄어들기 때문이다. 현금 1억 원이 100만 원이 됐다. 물건값도 100분의 1로 줄었다고 생각하면 크게 달라질 건 없다. 하지만 실제 상황은 약간 다를 수 있다. 갑자기 물건값이 너무 싸 보여서, 사람들이 물건을 더 사기 때문이다. 그러니 돈이 크게 줄어든 것 같은 억울함이 들 수도 있다.

하지만 냉정하게 보면 그렇지 않다. 이런 식의 화폐 개혁은 주식 시장의 액면 분할stock split과 똑같은 이치다. 예를 들어 액면가 5,000원인 주식이 10만 원에 거래된다고 가정하자. 주가가 너무 비싸다 보니 거래량은 적고 주가는 심하게 출렁거릴 수 있다. 이 경우 기업은 액면 분할에 나선다.

10 대 1 분할을 결정하면, 액면가 5,000원 주식 1주가 액면가 500원 주식 10주로 늘어나고 주가는 1만 원이 된다. 어제까지 10만 원에 거래되던 주식이 오늘 1만 원에 거래되니 너무 싸 보인다. 하지만 실체적으로는 기업 가치에 아무런 변화가 없고 단지 주식 수만 10배로 늘어난 것이다. 그런데도 투자자들은 1만 원이란 수치에 집착해 주가가 저평가됐다고 생각하고 주식을 더 산다. 이런 일은 증시에서 흔하게 벌어진다. 특히 미국 기업들이 액면 분할을 주가 부양책으로 자주 사용한다.

4

떠오르는 경제 뇌관,
빈부 격차

경제 위기가 발생하면 모든 경제 주체가 고통을 겪는다. 그중에서 특히 중산층 이하 서민들의 고통이 커진다. 정부가 적극 시장에 개입해 위기를 극복할라치면 반드시 부(富)의 불평등이 심화된다. 이러니 사람들은 말한다. "정말 불평등한 세상이야."

이렇게 되는 이유와 과정은 이렇다. 경제 위기가 발생하면 기업은 고용을 줄인다. 당연히 중산층 이하의 서민들이 가장 먼저 일자리를 잃는다. 일자리를 잃었으니 소득이 줄어든다. 소득이 줄어도 먹고는 살아야 한다. 이들은 생활비를 마련하기 위해 갖고 있는 자산, 그러니까 주식이나 부동산을 처분한다.

부유층은 어떨까? 일단 그들은 소득과 자산이 많다. 경제 위기로 소득이 다소 줄었다 하더라도 굳이 자산을 처분할 필요가 없다. 오히려 가격이 많이 떨어진 주식과 부동산을 싼값에 대량 매입한다.

정부는 경제를 살리기 위해 공적 자금을 투입한다. 기업에 구조조정을 요구한다. 고통의 시간이 한동안 흐른다. 이후 경제가 회복된다. 그러면 자산 가격이 다시 오른다. 그것도 큰 폭으로 오른다. 문제는, 이 혜택을 부유층이 독식한다는 데 있다.

| 빈부 격차 극심해지는 미국

이미 말한 대로 위기 상황에서 자산을 늘렸던 부유층은 큰돈을 번다. 하지만 자산을 늘리지도 못했고 오히려 잃어버리기까지 한 중산층은 자산 가격 상승에 따른 혜택을 누릴 수 없다. 이러니 빈부 격차는 자연스럽게 벌어진다. 게다가 경제가 회복됐을 때 중산층 이하의 서민이 다시 일자리를 얻고 중산층으로 복귀하지 못할 수도 있다. 실제로 경제 위기 극복 과정에서 하층민으로 추락하는 사례는 드물지 않다.

결국 부의 불평등은 바로 이 자산 불평등에서부터 비롯된다. 2008년 글로벌 금융 위기 이후 미국의 상황이 딱 이랬다. 당시 미국 정부는 막대한 공적 자금을 투입해 월가 은행들을 살려냈다. 그런데 일반 서민들의 삶은 오히려 나락으로 떨어졌다. 어떤 이는 담보로 대출받은 집이 경매에 넘어가는 바람에 길거리로 쫓겨나 노숙자로 전락했다. 어떤 이는 일자리를 잃는 바람에 소득이 크게 줄었다.

반면 월가는 뜨거워졌다. 주가가 바닥을 치고 곧바로 상승했다. 주식 부자들은 다시 막대한 돈을 벌었다. 대다수 국민의 고통을 '담보' 삼아 그들만의 돈 잔치를 벌인 셈이다.

이런 상황을 만들지 않을 방법은 없을까? 월가의 부자들만 큰 돈을 버는 게 아니라 모두가 함께 경제 위기를 극복하는 방법 말이다. CBDC, 즉 디지털 화폐가 이런 고민에 대한 해법이 될 수도 있다. 실제로 중앙은행이 CBDC 도입을 검토하는 이유 중의 하나가 바로 빈부 격차 해소다. 이게 도입된다면 중앙은행은 시중 은행을 통해 자금을 뿌리지 않아도 된다. 지원금을 받아야 할 기업과 개인에게 직접 보낼 수 있기 때문이다.

2020년 미국 주식 시장은 활활 타올랐다. 주가는 급등했다. 그 결과 상상을 초월할 정도의 부자들이 탄생했다. 경제 잡지인 포브스가 2020년 9월에 발표한 '포브스 400' 부자 리스트를 보면, 그들이 보유한 재산에 입이 쩍 벌어진다.

전 세계에서 가장 돈이 많은 부자는 누구일까? 이 리스트에 따르면 아마존 창업자인 제프 베이조스다. 그의 재산은 무려 1,790억 달러(약 207조 원)에 이른다. 그의 재산은 2020년 한 해에만 약 650억 달러가 불어났다. 따로 투자를 많이 한 것도 아니다. 아마존 주가가 1년 동안 64% 올랐기 때문이었다. 그러니 그가 보유한 주식의 가치가 불어난 것이다.

제프 베이조스만 그런 게 아니다. 테슬라의 앨런 머스크, 페이스북의 마크 주커버그, 구글의 래리 페이지 등 주요 IT 기업 창업자들의 주식 가치는 이미 개인당 수십조 원을 넘어선다. 코로나 사태가 많은 사람들에게 고통을 안겨줬지만 이들은 이 사태를 계기로 엄청난 부를 축적했다.

반면 중산층 이하의 서민들과 월급에 의존하는 급여 생활자의 삶은 더욱 어려워졌다. 미국에서 연봉 5만 달러 이하의 근로자 가운데 약 30%만이 소득 없이 3개월을 버틸 수 있다. 18%는 아예 저축이 없다. 게다가 미국인의 절반이 단 1주의 주식도 갖고 있지 않다!

바로 이 대목에서도 정부와 중앙은행의 전폭적 지원에 따른 혜택을 중산층이 거의 받지 못한다는 사실을 확인할 수 있다. 그 혜택은 오롯이 부유층에게만 돌아간 것이다. 실제로 코로나 사태 이후 미국의 빈부 격차는 사회적 폭동을 걱정할 정도로 심화됐다.

2000~2020년 미국 부(富)의 분포 변화

	2000년 1분기	2010년 1분기	2020년 2분기
상위 1%	28.4	28.6	30.5
상위 2~10%	34.7	39.5	38.5
상위 10~50%	33.4	31.5	29.1
하위 50%	3.5	0.5	1.9

출처: FRB

———

코로나 경제 위기는 미국 내 빈부 격차를 더 벌려놓았다. 2000년 1분기에 미국 하위 50% 서민은 2000년 1분기에 전체 부(富)의 3.5%를 차지했지만 2020년 2분기에는 1.9%로 줄었다. 그 부는 상위 10%의 부자들이 가져갔다.

FRB 데이터를 보면 2020년 2분기 기준으로 미국 상위 1%가 미국 내 전체 자산의 30.5%(약 34.2조 달러)를, 상위 2~10%가 38.5%를 보유하고 있다. 상위 10%의 부자들이 전체 부富의 69.0%를 갖고 있는 것이다.

반면 하위 50%는 전체 자산의 1.9%만을 갖고 있을 뿐이다. FRB는 상위 10% 계층이 미국 전체 기업과 뮤츄얼 펀드 주식의 88%를 소유했을 것으로 추정하고 있다. 부의 불평등 문제가 갈수록 심각해지고 있는 것이다.

제롬 파월 연준 의장은 2020년 10월 전미 실물경제협회National Association for Business Economics 연설에서 "유색 인종이 코로나 바이러스 영향을 더 많이 받고, 격리 기간 동안 여성의 보육 부담이 더욱 커졌으며, 팬데믹은 부의 불평등과 경제적 이동 가능성의 격차를 벌리고 있다."라고 말했다. 미국 정부도 부의 격차를 심각하게 받아들이고 있다는 뜻이다.

| 미국 부자들은 왜 증세를 말하는가

2010년 12월 북아프리카 튀니지에서 민중의 시위가 터져 나왔다. 시위는 북아프리카와 중동 일대로 확산했다. 이 시위로 수십 년간 통치해 온 아랍 국가들의 독재자들이 모두 권좌에서 쫓겨났다. 이 사건이 바로 '아랍의 봄Arab's Spring'이다.

아랍의 봄은 민주주의의 승리라고 일컬어진다. 정치적으로 보면 맞는 이야기다. 하지만 그 내부를 들여다보면 민주주의에 대한 갈망이 가장 큰 원인은 아니다. 시위가 일어난 진짜 이유는 따로 있다. 극심한 빈부 격차다.

그 나라들은 대부분 못사는 국가였다. 그런 나라일수록 빈부 격차도 크다. 그런 상황에서 세계적 가뭄으로 밀가루 가격이 뛰고, 경제 악화로 환율 불안 등 악재가 터졌다. 서민들이 먹어야 할 빵값이 갑자기 몇 배로 뛰었다. 결국 국민의 불만이 폭발했다. 이 사태는 독재자들이 만들었다. 그러니 독재자를 끌어내려야 한다. 아랍의 봄이 일어난 진짜 이유다.

2020년 5월 미국에서 폭동이 일어났다. 백인 경찰이 무방비 상태의 흑인을 죽음에 이르게 한 게 발단이 됐다. 이른바 조지 플로이드 사건이다. 이 사건 이후 일어난 폭동에 대해 미국의 많은 전문가들은 "단순히 인종 차별 이슈로만 생각해서는 안 된다."라고 지적했다. 진짜 이유는? 그렇다. 코로나 사태 이후 빈부 격차가 더욱 벌어지면서 사회 하층민으로 전락한 중산층과 저소득층의 불만이 폭발한 것이다.

이처럼 부의 불평등이 심화되면 작은 불씨 하나에도 커다란 사회적 폭동이 발생할 수 있다. 정치적 이슈로 사회 폭동이 일어나는 것처럼 보이지만, 실제로는 경제와 민생 이슈가 핵심이다. 이 때문에 미국에서는 빈부 격차를 미래 경제의 가장 큰 위협 중 하나로 여기는 것이다.

이쯤에서 주목할 만한 언론 기고문을 하나 소개한다. 2019년 10월 UC버클리대 경제학과 이매뉴얼 사에즈 교수와 게이브리얼 저커먼 교수가 뉴욕타임스에 기고한 '조세정의를 회복하는 방법'이란 기고문이다.

이 기고문에서 두 사람은 세금 제도가 과도하게 불평등하다고 주장하며 이렇게 말했다. "아마존의 제프 베이조스나 버크셔 해서웨이의 워렌 버핏 등 최고 부자 400명이 부담하는 세율은 23.0%로, 소득 하위 10% 계층의 부담률 25.6%보다 낮다." 정말 그럴까? 이들에 따르면 연방세와 지방세를 모두 합칠 경우 부자들에게 적용되는 세율이 오히려 낮다고 한다. 이들은 또 이런 주장도 했다. "건국이래 처음으로 소득 하위 50%를 구성하는 노동자층이 억만장자들보다 높은 세율을 적용받고 있다."

여기에 등장하는 최고 부자 워렌 버핏은 2011년에 "정부는 우리가 멸종 위기 상태라고 생각하는 듯 보호하려고 안간힘을 쓴다."라며 고소득층의 증세를 요구했다. 그는 자신의 비서가 자신보다더 높은 세율을 부담한다는 사실을 알고 깜짝 놀랐다고 한다. 이후 '버핏세'라는 신조어가 등장했다.

부자가 스스로 "내 세금 올려주세요."라고 한 셈인데, '노블레스 오블리주'라는 말이 절로 떠오른다. 하지만 고소득층 수백 명이 세금을 더 낸다고 해서 경제적 불평등과 재정 적자가 해소되지 않는다. 다만 궁지에 몰린 쥐(극빈자)가 고양이(부자)를 무는 일은 막을 수 있다. 만약 빈부 격차가 너무도 크게 벌어지면, 저소득층은 사회질서를 거부할 것이다. 그러면 폭력이 난무한다. 미국의 부자들은 이 사실을 잘 안다. 그러니 자본주의 체제를 유지하는 수단으로 고소득층 증세를 주장하는 것이다. 자본주의 체제가 무너지면 부자의 지위도 사라진다는 절박함이 바탕에 깔린 셈이다.

실제로 2011년 11월 '건실한 국가재정을 위한 애국 백만장자들의 모임' 회원들이 미국 국회의사당을 방문해 자신들의 세금을 올려달라고 요구했다. 이들은 더 솔직하게 말했다. "부자들이 세금을 더 내려는 것은 어려운 사람을 돕고 만족을 얻는 자선 차원이 아니다. 미래의 우리(부자)에게 닥쳐올 위기를 막자는 계몽적 이기심이다." 코로나 사태로 인한 빈부 격차 확대는 부자들에게도 위기라는 사실. 이 때문에 공존이 반드시 필요한 것이다.

| 한국은 잘 대처하고 있는가?

1990년대 말 한국이 외환 위기를 맞았을 때 주가와 집값은 모두 폭락했다. 1997~1998년 아파트 가격은 평균 30% 하락했다. 경제 위기를 실감할 수 있는 지표가 바로 보험 해약률이다. 소득이 줄어 생활비가 부족하면 먼저 예금과 적금을 해약한다. 그다음에는 주식을 팔고, 그래도 돈이 없으면 맨 마지막에 미래에 대한 보장인 보험을 해약한다. 당시 보험 해약률이 10%에 육박했다.

2002년 노무현 정부 때 집값과의 전쟁을 치를 정도로 아파트 가격이 많이 올랐다. 주가도 말할 나위 없다. 외환 위기 이후 1999년부터 주식과 부동산을 싸게 사들인 부자들은 엄청난 수익을 거뒀다. 2008년 글로벌 금융 위기에서도 똑같은 현상이 반복됐다.

최근 한국에서는 주식보다 부동산에서 발생하는 부富의 불평등이 커지고 있다. 이 또한 심각한 수준이다.

통계청과 한국은행 등이 2020년 12월 발표한 '2020년 가계금융·복지 조사'에 따르면 2019년 전체 가구의 평균 소득은 5,924만 원으로 2018년(5,828만 원)에 비해 1.7% 증가했다. 2020년 3월 기준 가구별 자산은 평균 4억 4,543만 원으로 1년 전보다 4.3% 증가했다. 소득보다 자산 증가율이 더 큰 건데, 이유가 있다. 자산 증감을 내역별로 보면 은행 예금과 적금, 증권사 펀드 같은 금융 자산은 1년 전보다 0.6% 하락했으나 실물 자산은 4.3% 증가했다. 실물 자산이 왜 증가했겠는가? 부동산 가격이 올랐기 때문이다. 특히 부동산 자산의 증가율이 5.6%로 높았다는 점이 이를 증명한다.

2020년 10월 국토연구원이 발표한 '자산 불평등에서 주택의 역할' 보고서도 주목할 만하다. 지니 계수로 측정한 2018년 기준 총자산 불평등도는 0.5613으로 소득 불평등도(0.3508)보다 높았다. 지니 계수는 1에 가까울수록 빈부 격차가 심하다는 의미다. 자산 불평등은 주택 보유 여부에 따라 격차가 컸다. 주택 보유 가구의 총자산 지니 계수는 0.4301로, 주택을 보유하지 않은 가구(0.6534)보다 0.2233이 낮았다. 주택을 갖고 있는지 여부가 자산 불평등을 결정짓는 중요한 요소인 셈이다.

좀 과장하자면, 좋은 회사에 취직해 열심히 일해 소득을 버는 것보다 알짜배기 아파트를 사놓고 가격이 오르기를 기다리는 게 더 낫다는 이야기가 된다. 젊은 20대와 30대는 모아놓은 자산이 부족하니 자신의 재력만으로는 고가 아파트와 부동산을 살 수 없다.

결국 부모에게 물려받은 돈이 있어야 아파트를 확보할 수 있다. 당연히 부모는 자식에게 그 돈을 준다. 이런 식으로 부富의 대물림 현상이 발생한다.

돈이 있어야 돈을 버는 시대가 돼 버렸다. 금융 소득에서도 비슷한 현상이 나타나고 있다. 장혜영 정의당 의원이 2020년 국세청에서 제출받아 발표한 자료에 따르면, 상위 1% 소득자의 이자 소득 납부 비중이 2015년 43%에서 2018년 46.5%로 늘어났다. 배당 소득 또한 상위 1%의 납부 비중이 71.7%에서 72.6%로 커졌다. 이를 상위 10%로 확대하면 2018년 이자 소득은 91%, 배당 소득은 94.1%를 차지한다. 금융 소득의 대부분을 상위 10%가 가져가는 것이다.

이 빈부 격차를 한국 정부는 어떻게 대처하고 있을까? 미국 정부와 마찬가지로 한국 정부도 그 심각성을 너무 잘 알고 있다. 그래서 정권 차원에서 부동산 가격 폭등을 막겠다며 재산세와 종합부동산세를 인상하고 공시가격 현실화를 추진하고 있다. 하지만 이미 다들 알고 있는 대로 납세 대상자들의 강력한 저항에 직면해 있다. 이와 별도로 한국 정부는 그동안 주식 시장 활성화를 명분으로 세금을 부과하지 않던 개인의 주식 매매 차익에 대해서도 2023년부터 과세하기로 했다.

고액 자산가에 대한 증세와, 주식 투자 이익에 대한 신규 과세가 심각한 부의 불평등을 해소하는 방법이 될까? 많은 전문가들의 예상대로 그럴 가능성은 적다. 그래도 최소한 사회적 폭동이 발생할 시간대는 늦춰줄 것으로 보이니 그나마 다행이라 해야 할까?

5

바이든 정부,
어떻게 달라질까

2021년 1월 미국 국회의사당에 시위대가 난입하는 사건이 발생했다. 대통령 선거에 불복하며 트럼프 당시 대통령을 지지하는 세력이 일으킨 폭력 사태였다. 이날은 조 바이든 대통령 후보의 당선 인증이 계획된 날이었다.

미국 국회의사당에서 폭력 사태가 일어나는 일은 매우 드물다. 민주주의 전통이 굳건하게 정착돼 있기 때문이다. 그래서 이 사태는 미국인 모두에게 상처를 안겨줬다. 공화당조차 트럼프에게서 등을 돌렸다.

얼마 후 조 바이든 미국 정부가 출범했다. 이제 전 세계의 눈이 새로운 미국 대통령의 입을 주목하고 있다. 바이든 대통령이 어떤 정책을 펴는가에 따라 글로벌 경제의 향방이 결정되기 때문이다.

일단 굵직굵직한 정책부터 개괄적으로 살펴볼 필요가 있다.

여러 번 말했듯이 미국 경제를 알아야 재테크의 성공 가능성도 높아진다. 미국 경제를 좌우하는 중앙 정부의 경제 정책이 중요한 이유다.

| 연임에 실패한 미국 대통령

미국 대통령은 큰 이변이 없는 한 연임이 관례다. 공화당과 민주당이 4년 중임을 통해 8년 동안 교대로 국가를 운영한다. 대통령의 4년 단임은 너무 짧다고 생각하기 때문이다. 1900년대부터 지금까지 연임에 실패한 미국의 단임 대통령은 조지 H.W 부시(아버지 부시), 지미 카터, 제럴드 포드, 허버트 후버, 윌리엄 하워드 태프트 전 대통령 등 5명에 불과했다. 도널드 트럼프가 6번째로 단임 대통령에 이름을 올린 것이다.

연임 관례가 깨진 이유가 있을 터. 아버지 부시 전 대통령(41대)은 걸프전 승리를 계기로 임기 내내 지지율이 높았는데도 연임에 실패했다. 전쟁을 치르느라 국내 경제가 망가졌기 때문이다. 1992년 대선에서 빌 클린턴 후보가 이 점을 집중 공략했다. 클린턴은 국내 경제 이슈를 전면에 내세워 승리했다. "문제는 경제야, 바보야It's the economy, stupid."가 유행어로 등장했다. 이 구호는 공식적인 선거 구호Campaign Slogan가 아니었지만, 한국인의 뇌리에는 슬로건으로 깊이 박혀 있다.

아버지 부시 이전의 대통령은 로널드 레이건이었다. 레이건은 공화당 출신이었고 연임에 성공해 8년을 대통령으로 일했다. 부시 또한 공화당 인사였다. 8년의 공화당 집권 이후 다시 공화당 인사가 대통령에 당선된 것이니 이 또한 이변이라고 할 수 있다. 당시 민주당과 민주당 후보가 얼마나 약했는지를 보여준다. 따라서 빌 클린턴의 당선은 공화당 12년 집권에 신물이 난 미국 유권자들이 민주당에 지지를 보낸 덕분이라고 해석할 수도 있다.

레이건은 1980년 대선에서 현직 대통령(39대)인 지미 카터를 꺾었다. 카터 전 대통령의 패인은 외교 정책이 아닌 제2차 오일쇼크로 인한 경기 침체로 꼽힌다. 허버트 후버 전 대통령은 취임하자마자 대공황을 맞았고, 제럴드 포드 전 대통령은 1974년 워터게이트 사건으로 닉슨 전 대통령이 실각하면서 갑자기 대통령직에 올랐다. 워터게이트 사건의 이미지가 남아있는 공화당 후보여서, 1976년 선거에서 지미 카터 후보에게 패했다. 윌리엄 하워드 태프트 전 대통령은 1900년대 초반 치열한 당내 분열을 겪으며, 존재감을 드러내지 못한 채 단임으로 끝났다.

미국 대선의 이런 '역사적 경험'을 반영한다면 트럼프 전 대통령은 버락 오바마 전 대통령의 8년을 겪은 미국 유권자들이 선택한 공화당 후보였기 때문에 재선 자체가 희귀한 현상이 아니었다. 그는 선거와 재임 기간 중 기괴한 행동과 언행으로 많은 비판을 받았지만, 미국 유권자들에게는 '행동하고 실천하는 대통령' 이미지가 강했다.

민주당과 민주당 대통령의 최대 약점은 나토NATO, No Action Talking

Only 이미지다. 똑똑하고, 말 잘하고, 진보적인 사고를 가졌다는 점에서 호감도가 높은데, 막상 대통령이 되고 나면 이리저리 여론의 눈치를 보고, 이해관계자 그룹의 강력한 로비에 밀려, 실행력이 너무 낮다는 평가를 받은 것이다. 반면 트럼프는 워싱턴의 낡은 정치를 벗어나, 미국인들을 위해 실질적인 행동에 나선다는 이미지가 강했다. 게다가 2016~2020년 재임 기간 동안 미국 경제는 최고의 호황을 누렸고, '화약고'로 불리던 중동은 잠잠했다. 외교 동맹국들에게 갑자기 100% 이상 인상된 안보 비용 청구서를 들이대며, 모든 사안을 자기중심적으로 해석하며 미국 주류 언론과 설전(舌戰)을 벌이는 모습이 많은 반감을 불러일으켰지만, 미국 일반 유권자들의 시각에서 냉정하게 보면, 트럼프는 재선 가능성이 높았다.

| 바이러스가 좌우한 2020 미국 대선

이런 상황에서 코로나 사태가 터졌다. 그는 신종 코로나 바이러스를 '우한 바이러스'라고 부르며 사태의 원인을 중국 탓으로 돌리기에 여념이 없었다. 하지만 유권자들은 논란의 소지가 많은 원인 규명보다 결과에 주목한다. 미국은 코로나 사태 초기에 "독감으로도 1년에 5만 명이 죽는다. 코로나 바이러스는 수많은 바이러스 가운데 하나다." "마스크는 환자들의 감염을 줄이기 위해 사용하는 것이며, 건장한 국민은 사용할 필요가 없다."라며 자신만만했다. 하지만 의료 기술과 신약 개발 능력에서 세계 1위를 달리는 미국이 신종 코로나 바이러스 감염으로 인한 사망자가 50만 명을 넘겨 세계 1위를 기록하는 치욕을 겪었다.

　미국의 사망자가 많은 원인은 간단하다. 병원비가 너무 비싸기 때문이다. 코로나 바이러스는 전파력이 매우 높지만, 치명률은 1~2%로 아주 낮다. 나이가 아주 많거나 면역력이 아주 취약하지 않다면, 치료만 잘 받으면 나을 수 있다는 말이다.

　미국에서 유학, 주재원 생활을 해 본 사람은 병원비가 살인적 수준이라는 것을 잘 안다. 불의의 사고에 대비해 건강보험에 가입하려면 1년에 아무리 싸도 수백만 원은 줘야 한다. 미국은 경제협력개발기구OECD 국가 중 유일하게 전 국민 건강보험이 없다. 직장 의료보험이 유일한데, 신종 코로나 바이러스가 퍼진 2020년 2~5월 건강보험을 잃은 실직자가 540만 명에 이른다. 저소득층은 의료 보험료를 낼 형편이 안 되니 아예 보험 혜택을 받을 수 없다.

　미국 여행 중 사고를 당한 지인의 경험담은 이렇다. 미국 정부 기관에 파견돼 근무하던 기간에 아들이 방학을 이용해 친구와 함께 미국에 놀러 왔다. 아들과 아들 친구가 수영장에서 선탠을 즐기다가, 갑자기 아들 친구가 어지럽다며 쓰러졌다. 놀란 아들은 911에 전화를 걸었고, 친구는 구급차를 타고 병원에 갔다. 병원에서 정밀 진단을 받은 결과 일시적인 빈혈 증세로 나와 하루 입원 후 퇴원했다. 병원비 영수증은 귀국한 후 날아왔다. 무려 1만 2,000달러(약 1,320만 원)였다! 다행히 미국에 갈 때 여행자 보험에 가입해 보험사에서 비용을 지불했지만, 미국의 병원비는 기절할 정도다. 한국에서 같은 일로 병원에 갔다면 검사 비용까지 포함해, 아무리 비싸도 100만 원을 넘지 않았을 것이다.

미국의 비非영리단체인 카이저 가족재단KFF, Kaiser Family Foundation 연구보고서에 따르면, 미국 코로나 입원 환자의 평균 본인 부담 비용은 1만 3,000달러(1,450만 원)에 이른다. 건강 보험이 없는 코로나 환자가 중환자실에서 약 2주일 정도 입원 치료를 받으면 비용은 약 10만 달러(약 1억 1,000만 원)에 이른다고 한다. 미국 병원은 입원할 때, 비용 결제를 위해 신용카드를 먼저 제시한다. 신용카드가 없거나, 병원비를 추후 지급하겠다는 확인을 하지 못하면 입원이 거부된다. 그래서 중산층과 저소득층은 신종 코로나 바이러스 감염증에 걸려도 입원 치료를 받지 못하고, 운명에 맡겨야 한다. 그 결과 사망자가 50만 명이 넘어섰는데, 특히 유색 인종과 사회 취약계층에 집중됐다.

트럼프 전 대통령은 집권 이후 '오바마 케어' 폐기를 선언했다. 오바마 케어는 오바마 전 대통령의 핵심 공약으로 전 국민의 의료 보험 가입 의무화가 핵심이다. 경제적 여유가 없어서 건강보험에 가입하지 못한 국민을 의무적으로 보험에 가입시키고, 이들에게 보조금을 지급해 의료비 부담을 줄이자는 취지였다. 대상자는 미국인 약 3,200만 명이었고, 2014년을 시한으로 정하고 그때까지 가입하지 않으면 정부가 벌금을 부과했다.

트럼프 정부는 출범 이후 이 벌금 부과 규정이 위법 판결이 나오자 의무 가입 규정까지 폐기돼야 한다고 주장했다. 사실상 오바마 케어를 폐기하고 과거로 돌아가자는 뜻이다. 이렇게 되면 기존에 질병을 앓고 있던 환자에 대한 보호와, 저소득층과 장애인에 대한 의료비를 연방 정부와 주정부가 지원하는 메디케이드Medicaid는 사라지게 된다. 미국에서는 이 조치로 2,300만 명이 의료보험 혜택을 잃어버릴 것으로 예상됐다.

코로나 사태로 중산층과 저소득층이 제대로 치료를 받지 못해 죽어가는 상황에서 오바마 케어 폐기까지 주장했으니, 모든 비난의 화살은 트럼프에게 돌아갔다. 바이든 대통령 후보도 2020년 11월 TV토론에서 "트럼프 대통령의 잘못된 판단과 오바마 케어 폐기로 미국인 30만 명 이상이 목숨을 잃고, 사랑하는 가족을 잃었다."라고 집중 공격했다. 이 공격은 주효했고, 트럼프는 4년 단임 대통령으로 막을 내렸다. 미국 국민은 코로나 사태를 대공황과 제2차 오일쇼크 못지않은 충격으로 받아들였던 것이다. 그러니 트럼프에게서 등을 돌렸다.

| 바이든 정부, 그린 뉴딜로 경기 부양에 올인할 것

민주당은 전통적으로 정부의 적극적인 역할을 주문한다. 적극적으로 사회 문제에 개입하고 중산층과 서민, 저소득층을 위한 사회 안전망을 추구하며 복지 정책을 펼쳐 사회 안정을 이뤄야 한다는 시각이다. 반면 공화당은 자유적 시장경제를 내세우며 정부 개입의 최소화를 추구한다.

이번 코로나 사태로 정부 개입의 명분은 훨씬 커졌다. 중앙은행이 통화정책을 통해 금리를 '0' 이하로 낮추지 못하는 상황에서, 정부의 재정 정책은 그 어느 때보다 중요해졌다. 특히, 지금처럼 '바이러스와의 전쟁'에서 호되게 당했다가, 백신 개발을 계기로 경제 회복의 반전 드라마를 써야 한다면 더욱 그렇다. 시장이 자율적으로 작동하지 않기 때문에, 정부의 역할은 점점 커질 수밖에 없다.

바이든 정부의 핵심은 '그린 뉴딜Green New Deal' 정책이다. 이미 트럼프 전 대통령이 일방적으로 탈퇴한 파리 기후협약에 다시 가입하고 기후 변화에 대응하는 탄소 중립 정책을 통해 사회의 모든 시스템을 친환경으로 바꾸겠다고 밝혔다.

이와 함께 바이든 대통령은 2050년까지 탄소 중립을 달성하기 위해 2021년부터 4년 동안 2조 달러를 투자하겠다는 계획도 발표했다. 휘발유와 경유 등 내연기관차의 비중을 줄이고, 전기 차 비중을 늘리며, 석탄 발전소를 폐기하고. 신(新)재생 에너지로 넘어가겠다고 선언했다. 루스벨트 전 대통령이 정부 주도의 대규모 인프라 건설 사업을 추진하는 '뉴딜' 정책을 통해 대공황을 극복했던 것처럼, 그린 산업으로 코로나 경제 위기를 극복하겠다는 발상이다.

그린 뉴딜 사업에 필요한 자금은 연방정부가 부담한다. 국채를 발행해 주와 시 정부에 보조금을 주겠다고 했다. 연방 정부의 부채는 늘어나겠지만 파워 또한 훨씬 강해질 것이다. 자본주의 사회에서는 돈줄을 쥐고 있는 개인과 조직의 파워가 세질 수밖에 없다. 연방 정부와 주 정부의 관계에서도 이 룰은 적용된다. 주 정부에 대한 연방 정부의 통제력이 더욱 강화될 것으로 예상된다. 자율과 독립성을 중시하는 미국인들의 속성에는 맞지 않지만, 재정 기반이 취약하고 채권을 원하는 만큼 발행할 수 없는 주 정부에게 선택의 여지는 없어 보인다.

바이든 대통령이 원자력 발전이 반드시 필요하다고 제시했다는 점을 눈여겨봐야 한다. 민주당은 지난 50년 동안 원전에 비판적이었으며, 특히 일본 후쿠시마 원전 사고 이후에는 원자력 이외의 대안을 찾느라 분주했다. 하지만 태양열과 풍력만으로는 화석연료 발전을 대체할 수 없다는 현실을 인정한 것이다.

바로 이 대목에 주목할 필요가 있다. 바이든 대통령이 향후 원

2018년 이후 국제 우라늄 가격 추이

출처: 한국자원정보서비스(KOMIS)

원자력 발전의 원재료인 우라늄의 가격이 2020년 하반기 이후 급격하게 치솟고 있다. 2021년에도 우라늄은 투자 유망종목으로 꼽힌다.

전에 대한 투자를 늘리는 정도에 따라 파급 효과가 달라지기 때문이다. 이미 원자력 발전의 원재료인 우라늄의 국제 가격은 코로나 사태 이후 급격히 오르고 있다. 물론 2021년에도 투자 유망종목으로 꼽히고 있다.

한국도 코로나 사태 이후 재정 정책의 역할이 중요해지고 있다. 이에 따라 정부의 규모도 점점 더 커지고 있다. 국채 발행으로 재정 적자가 GDP의 40%를 이미 넘어설 정도로 커졌으며, 이 돈으로 개인과 중소 상공인, 기업에 지원금을 뿌리고 있다. 투자자 입장에서는 기업의 움직임도 중요하지만, 정부가 가는 방향에 포인트를 맞추는 것이 현명한 방법이다. GDP에서 공공 부문이 차지하는 비중이 상당히 높기 때문이다.

| 세금 인상과 IT 기업 독과점 규제

트럼프 행정부와 바이든 행정부는 많이 다르다. 특히 조세 정책에서는 두드러질 정도로 차이가 난다.

바이든 대통령의 조세 공약이 이행될 경우 상위 1% 소득자의 실질 실효세율effective tax rate은 26.8%에서 39%로 높아진다. 여기에 지방세까지 포함하면 53%로 껑충 뛸 것이라는 전망이 나온다. 특히 소득이 높은 뉴욕주의 경우 세율은 60%까지 높아질 수 있다.

기업의 법인세도 대폭 오른다. 트럼프 전 대통령은 법인세율을 35%에서 21%로 낮췄으나, 바이든 대통령은 이를 28%로 올리겠다고 공약했다. 특히 기업의 해외 수익에 대한 최저 세율을 10.5%에서 21%로 2배 올린다고 밝혔다.

미국 대기업들은 탈세와 절세를 구분하기 어려울 정도로 온갖 방법을 동원해 교묘하게 세금을 줄인다. 대표적인 방법 중 하나가 본사를 법인세율이 '0'에 가까운 조세 회피 지역tax haven으로 옮기고, 해외 시장에서 발생한 매출을 본국으로 들여오지 않는 것이다. 이런 방식으로 대기업들은 상당한 액수의 세금을 줄인다. 글로벌 시장을 석권한 애플, 페이스북, 구글 등 대형 IT 기업들이 주로 이 방식을 사용하고 있다.

이런 기업들은 바이든 행정부가 야속할 수도 있겠다. 해외 수익에 대한 세율을 2배로 올리면 당장 세금 부담이 커질 수밖에 없으니까 말이다. 바이든 대통령의 고소득층 소득세 인상과 기업 법인세 인상으로 향후 10년간 세금 수입이 약 2조 4,000억 달러 늘어날 것으로 전망된다. 고액 자산가와 대기업 입장에서는 결코 반가운 소식이 아니다. 그들은 그동안 세금 감면을 통한 소비 증가와 경제 회복을 주장하는 공화당 후보를 대체로 선호했다. 이제 시대가 바뀌었다. 흔한 말로 '세금 폭탄'이 기다리고 있다.

앞으로 미국 경제와 기업 이슈 중에서 흥미롭게 지켜봐야 할 대목이 있다. 아마존, 구글, 페이스북, 애플 등 이른바 빅 테크Big Tech 기업의 독과점 이슈와 이에 따른 기업 분할이 현실화될지 여부다.

일단 23년 전 마이크로소프트Microsoft 케이스를 참고할 만하다. 1998년 미국 법무부는 MS를 반독점anti-trust 위반 혐의로 기소했다.

이유는 마이크로소프트가 윈도우 OS를 판매하면서 인터넷 익스플로러를 끼워 팔아 당시 웹 검색 브라우저 시장 1위였던 넷스케이프의 시장 점유율을 뒤집었다는 것이다.

2000년 4월 법원은 마이크로소프트의 법규 위반 사실을 인정하고, 회사를 윈도우 OS 사업 부문과, 나머지 사업 부문 2개로 쪼개는 기업 분할 명령을 내렸다. 그러나 2001년 6월 연방법원에서는 "윈도우 OS에 익스플로러를 끼워 팔았더라도, 소비자에게 편리함과 유용함을 제공했으며, 이는 소비자 선택을 위한 경쟁 과정의 변화다."라며 마이크로소프트의 손을 들어줬다.

이 덕분에 기업 분할 명령은 무효화됐다. 무려 10년이 넘게 걸린 소송은 민주당의 클린턴 행정부에서 시작됐으나, 공화당의 부시 행정부에서 마무리됐다. 연방법원의 항소 판결이 나온 시기는 부시 전 대통령의 집권 첫해였으며, 그 이후로 미국 법무부의 공세는 상당히 완화됐다.

이번에도 미국 연방 정부는 구글과 페이스북을 상대로 반독점 소송을 제기했다. 앞으로 오랜 기간 지루한 법적 공방이 이어질 것으로 예상된다. 미국이 이처럼 반독점 소송에 민감한 이유는 과거 독과점 기업들의 일방적 가격 인상으로 인플레이션을 겪으며 일반 소비자들이 커다란 피해를 입었기 때문이다. 과거 카네기는 철강, JP모건은 철도, 록펠러는 석유 산업을 지배하며 가격 결정에 막강한 영향력을 행사했다. 독과점 기업은 신흥 혁신 기업이 등장하면 원가 이하의 가격 인하로 말려 죽이거나, 조금 비싸게 인수해 경쟁의 씨앗을 말리는 것이 일반적이다.

한국에서는 어떨까? 일단 한국에서는 IT 분야에서 네이버, 카카오가 그런 지위에 올랐다고 보는 시각이 많다. 인터넷 검색과 포털, 메신저 시장의 막강한 지위를 이용해 쇼핑과 전자 상거래 및 결제, 금융까지 분야를 가리지 않고 진출하고 있다. 다만 한국 정부는 아직까지 특정 기업을 상대로 기업 분할 명령을 내린 적은 없다. 공정거래위원회는 대기업 규제에 초점을 맞춰 왔다. 하지만 4차 산업 혁명이 무르익고, '21세기의 석유'로 불리는 데이터를 독점한 IT기업의 영향력이 절대적으로 커지면 생각을 달리해야 할지도 모른다.

지나친 욕심을 버리고
'적게 먹고 오래가겠다.'라고
생각하라는 이야기다.
이 빤한 이야기가
2021년 주식 투자의 기본이 돼야 할 것이다.

Part 4

포스트 코로나
시대의
투자 전략

한국에서 2020년은 돈 벌기 좋은 해였다. 주식과 부동산은 사 놓기만 하면 무조건 올랐다. 2021년 증시는 시작하자마자 폭등세를 보였으나, 곧바로 강하게 조정을 받았다. 시장은 복잡해졌다. 2020년처럼 누구나 돈을 버는 시대가 한동안 오지 않을 수도 있다.

모두가 아는 바와 같이 코로나 사태 이후 세상의 패러다임이 크게 바뀌었다. 투자 환경도 마찬가지다. 사실 시장은 그 자체로 불확실성이 크다. 그 불확실성이 코로나 경제 위기 이후 더 커졌다.

우리는 지금 코로나 위기를 극복함과 동시에 포스트 코로나 시대를 준비하고 있다. 투자 환경이 변했으니 포스트 코로나 시대의 투자 전략 또한 변해야 한다. 투자한 돈을 날리지 않으려면 국내뿐 아니라 미국의 정치 경제 상황을 예의 주시 해야 한다. 모든 변화의 시작은 한국이 아니라 미국에서 시작되기 때문이다. 꼭 숙지해야 할 포스트 코로나 시대의 투자 전략을 정리한다.

1

인플레이션 징후를
놓치지 마라

이 책에서는 상당한 분량을 미국 경제 상황을 파악하고 분석하는 데 할애했다. 이미 여러 차례 강조한 대로 글로벌 경제를 미국이 주도하기 때문이다. 투자자의 관점에서 봤을 때도 미국의 상황은 매우 중요한 '지표'가 된다. 그중에서도 미국 정부의 정책은 반드시 알아둬야 할 '핵심 지표'다. 이 책에서 미국 정치 경제 상황을 집요하게 물고 늘어진 이유다.

당장의 주식 시장 활황세만 보고 뛰어드는 것은 어리석다. 물론 요즘에는 개인 투자자들도 '묻지 마' 식의 투자는 하지 않는다. 나름대로 분석을 철저하게 한다. 그들에게 강조하고 싶은 이야기가 있다. "분석을 할 때는 거시Macro 경제 지표로부터 시작하라!"

거시 변수는 너무 많다. 전문가나 경제학자가 아니면 그 많은 거시 변수를 파악하기도 쉽지 않다. 다만 투자자라면 딱 한 가지,

현재 국내외 시장에서 가장 우려가 높은 인플레이션의 징후만큼은 놓치지 않길 바란다.

| 작년 실적 좋다고 방심하다 큰코다친다

2020년 코로나 사태가 시작된 후 주식과 부동산 등 자산 시장이 뜨겁게 타오른 것은 일차적으로 저금리라는 시장 환경 때문이다. 시중에 돈이 너무 많이 풀려 자산 가치를 밀어 올린 것이다. 다시 말해 시중의 풍부한 유동성이 원동력이 됐다는 뜻이다.

실제로 블룸버그 통신에 따르면 미국을 비롯해 EU, 중국, 일본 등 선진국은 코로나 사태 이후 2020년에만 약 14조 달러의 유동성을 시장에 공급했다. 앞으로도 정부 자금이 추가로 더 시장에 풀릴 것으로 전망된다. 미국만 하더라도 바이든 행정부는 경기 부양을 위해 3조 달러 이상의 국채를 발행해 친환경 산업과 인프라 등에 투자하겠다고 선언했다. 그야말로 필요 이상의 유동성이 초과 공급되는 셈이다.

이런 '초과 유동성'의 부작용은 여러 가지가 있지만 그중에서도 가장 큰 부작용이 바로 인플레이션이라는 괴물이다. 인플레이션이 왜 괴물일까? Part 3에서 지적한 대로, 인플레이션이 현실화하면 지금의 뜨거운 자산 시장은 언제 그랬냐는 듯 차갑게 식어버릴 수도 있다. 국내 종합주가 지수가 3,000을 돌파할 정도로 뜨거웠는데 그럴 리 없을 거라고 생각해선 안 된다. 시장은 얼음장처럼 냉정하다.

이렇게 말할 독자도 있겠다. "내가 주식을 산 기업의 실적이 2020년에도 좋았고 2021년에도 좋을 것 같으니 상관없는 거 아닌가?" 이런 태도, 너무 안일하다. 거시 경제 변수가 악화하면 증시도 출렁이기 마련이다. 만약 전체 증시가 요동친다면 개별 기업의 실적과 성장성이 아무리 뛰어나도 주가는 곤두박질칠 수 있다.

지금의 증시 활황세가 꺾이는 상황을 가정해 보자. 자, 종합주가 지수가 3,000에서 2,000으로 빠졌다. 그런 상황에서 내가 투자한 몇몇 기업의 주가만 오르는 게 가능할까? 물론 하루 이틀은 그럴 수 있다. 하지만 지속적으로 상승하는 것은 상당히 어렵다. 전체 시장이 흔들리면 제아무리 우수한 종목이라 해도 전체 시장의 영향을 받는다. 그나마 하락폭은 작을 수 있다. 가령 전체 지수가 20~30% 빠질 때, 우량 주식의 하락폭이 5~10%에 그칠 수 있다. 이게 최선이다. 추락하는 시장 흐름을 이겨내고 나 홀로 상승하기는, 조금 과장하자면, 불가능에 가깝다.

그렇다면 2021년에 주식 시장이 이렇게 출렁이는 시기가 올까? 이에 대해서는 전문가들도 의견이 분분하다. 2020년 시작된 활황세가 이어지면 좋겠다. 하지만 분명한 점은, 증시가 폭락할 가능성이 분명히 존재한다는 점이다. 시장 전체의 흐름을 좌우하는 거시 경제 변수에서 이 징후를 읽을 수 있다. 그게 바로 인플레이션이다.

이 책에서 이미 수차례 인플레이션의 위험성을 지적했다.

2021년부터 인플레이션은 향후 미국은 물론 한국 경제를 위협할 최대 요인으로 꼽힌다. 식료품과 원자재 등의 가격이 이미 오르고 있다. 어쩌면 이는 시작에 불과할지 모른다. 1분기를 지나면서부터 전방위적으로 물가 상승이 나타날 수 있다.

물가 상승의 요인은 또 있다. 바로 코로나 백신의 보급이다. 만약 미국이 코로나 백신 접종을 순조롭게 마무리하면 2021년 2분기, 혹은 하반기부터 본격적인 경기 회복 국면으로 접어들 가능성이 있다. 이 경우 경기 회복에 대한 기대 심리가 커지면서 소비가 일시적이나마 폭발적으로 증가할 수도 있다. 수요가 급증하면 당연히 물가는 상승할 수밖에 없다.

글로벌 금융의 심장이라 할 수 있는 미국 월가의 예상도 실제로 이와 비슷하다. 월가에서는 2021년 한 해에만 2%까지 물가 상승이 나타날 것으로 전망하고 있다. 지금까지의 물가 상승률과 비교하면 2배가 넘는 수준이다.

2020년에 정부가 돈을 그렇게 많이 풀었는데도 물가가 오르지 않았다는 사실에 현혹되어서는 안 된다. 사실 미국도 그랬고, 한국도 그랬다. 이런 현상을 '디스플레이션Dis-flation'이라고 한다. 2020년에도 그랬으니 2021년에도 물가가 오르지 않을 것이라고 생각하는 것은 어리석다. 상황은 분명 달라질 것으로 보인다.

종합하자면, 인플레이션의 위협은 우리 눈앞에 있다. 그러니 인플레이션 징후를 무시해서는 안 된다. 손놓고 있다가 인플레이션이 닥친 후에 대비하려고 하면 늦을 수도 있다. 촉각을 곤두세우고 물가 상승 추이를 지켜봐야 한다. 포스트 코로나 시대의 재테크에 성공하고 싶은가? 그렇다면 첫 번째 투자 전략을 반드시 명심하기 바란다. "인플레이션의 징후를 놓치지 마라."

l 인플레 시작되면 '실적'에 포커스를 두라

인플레이션의 위협이 현실화하면 우리에게 어떤 일이 일어날까? 한순간에 주가가 폭락할까? 집값이 드디어 떨어질까? 사 놓았던 금과 은 가격도 하락할까?

인플레이션이 시작되면 경제에 미칠 파장을 아직까지는 정확히 예측할 수 없다. 시장은 불확실한 곳이고, 코로나 시대의 시장은 더욱 불확실하니까 말이다. 다만 인플레이션이 긍정적 영향을 미치지 않을 거란 사실은 분명하다. 이 점을 미국 정부나 한국 정부가 모를 리가 없다. 인플레이션 부작용을 최소화하려 할 것이다. 또한 "걱정하지 마시라!"라며 안심하라는 신호를 날릴 수도 있다. 물론 믿는 게 최선은 아니다.

미국의 상황을 예측해 보자. 일단 미국 정부는 물가 상승률이 일시적으로 2%를 넘더라도 곧바로 금리를 올리지 않을 것이다. 이미 2023년까지 제로 금리 정책을 유지하겠다고 선언하기까지 했으니 말이다. 그렇지만 시장 상황이 달라진다면? 기준 금리가 제로이지만 시중 금리가 빠르게 상승한다면? 제아무리 대단한 미국 정부라 해도 뒷짐만 지고 있을 수는 없다. 무슨 대책이든 내놓아야 한다.

그런데 실제로 시장 상황이 달라지고 있다. 시중 금리가 오르고 있다. 미국 시중 금리의 대표적 지표는 10년 만기 국채 금리다. 2020년 중앙은행 기준 금리는 0~0.25% 범위에서 유지되고 있다. 하지만 10년 만기 국채 금리는 꾸준히 올라 2021년 1월 초 1.1%를 기록했다. 2021년 말, 이 10년 만기 국채 금리는 1.5%를 넘을 것으로 전문가들은 예상한다.

이대로라면 기준 금리와의 격차가 1.25% 포인트 이상 벌어진다. 금융 시장에 혼선이 빚어질 게 빤하다. 그렇다면 미국 정부는 기준 금리를 올려야 한다. 하지만 이미 말한 대로 2023년까지 제로 금리를 유지하기로 했다. 이 '약속'을 깨야 하는 상황이 발생한 것이다.

미국 중앙은행인 FRB는 '선제적 지침Forward Guidance'을 통해 통화 정책의 방향성을 미리 알려준다. 시장 참여자들의 예측 가능성을 높이기 위한 조치다. 만약 물가와 시중 금리가 급격히 올라가서 기준 금리를 예정보다 일찍 올려야 할 상황이 발생하면, 이 조치에 따라 미리 알려준다. 이 지침에 따라 제로 금리 약속을 깨고 기준 금리를 올릴 수도 있다. 하지만 현실적으로 그럴 가능성은 높지 않다.

차선책으로 거론되는 것이 있다. 금리는 그대로 두는 대신 국채와 회사채, MBS 등 채권 매입 규모를 줄이는, 이른바 '테이퍼링tapering'이다. 기업과 은행의 도산을 막기 위해 돈을 퍼부어 채권을 매입하던 정책을 축소하는 셈인데, 이렇게 하면 시중 유동성의 공급이 줄어든다. 시중에 돈이 줄었으니 시장 금리 상승을 억제하는 효과가 발생한다.

문제는 이 방식 또한 금융 시장에 미치는 영향이 크다는 데 있다. 이 조치가 시행되면 금융 시장은 상당한 충격을 받고 발작 현상을 일으킬 수 있다. 2016년에 실제로 그런 일이 있었다. 당시 미국과 유럽 중앙은행은 2008년 글로벌 금융 위기 당시 풀었던 돈을 회수하기 위해 점진적으로 자산 매입 규모를 축소하려 했다. 그러자 미국과 유럽 증시가 모두 큰 폭으로 떨어졌다.

이처럼 '아픈 추억'이 있지만 2021년 하반기 이후에 그 방법을 소환할지 모른다. 인플레이션을 잡기 위해 어떻게든 시중 유동성을 축소하려는 움직임이 나타날 수 있다는 이야기다. 이 경우 주식과 부동산 시장에 투입된 자금을 회수하거나, 최소한 지금보다는 축소할 수 있다. 그렇게 되면 자산 시장은 상당한 가격 하락 압박을 받게 될 것이다.

정말 중요한 상황이다. 이럴 때 징후를 미리 읽고 대비한 투자자와, 그렇지 못한 투자자의 희비가 엇갈린다. 투자자는 어떻게 해야 할까? 포스트 코로나 시대의 두 번째 투자 전략이 이와 밀접한 관련이 있다.

주식 투자를 한다면 '꿈'을 좇는 기업보다 실제로 매출과 영업이익이 두드러진 기업으로 투자의 중심축을 이동시켜야 한다. 인플레이션이 심해지면 기업 가치에 매겨지는 프리미엄이 감소하기 때문이다.

이를테면 이런 식이다. 유동성이 풍부하면 PER의 인정 범위가 50~70배까지 뛸 수 있다. 하지만 시중 자금이 감소하면 이 범위가 곧바로 40~50배로 축소된다. 당연히 그만큼 주가가 떨어진다. 이때 이 감소분만큼을 상쇄할 수 있는 무기가 바로 실적이다. 매출 증가도 좋은 지표가 될 수 있지만 그보다는 영업 이익률을 중점적으로 봐야 한다. 영업 이익률이 높은 기업이 어려운 시기에는 진짜 알짜배기다. 이것이 포스트 코로나 시대의 두 번째 투자 전략이다. "영업 실적이 좋은 기업에 투자하라."

부동산 시장도 마찬가지다. 사 놓으면 다 오르는 것이 아니다. 2020년에 그랬다고 해서 2021년에도 그러라는 법은 없다. 입지가 좋아서 투자 수요가 몰릴 수 있는 지역이 아니라면 신중을 기해야 한다. 주식 투자에 적용된 투자 전략을 이렇게 바꿔도 될 것 같다. "투자 수요가 있는 지역에만 선별적으로 투자하라."

위기를 기회로 바꾸고 싶으면 현금 보유량을 늘려놓도록 하라. 물가가 오르니 현금 가치가 떨어지는 것 아니냐고? 맞다. 하지만 인플레이션으로 인해 싸게 나온 매물도 늘어난다. 그 매물을 신속하게 잡으려면 현금이 필요하다.

2020년에 투자자들은 현금 비중을 거의 '0'으로 떨어뜨리고 모든 돈을 주식과 부동산에 올인했다. 하지만 인플레이션이 시작되면 이렇게 투자했던 사람들은 호되게 당할 수 있다. 반면 현금을 어느 정도 확보한 투자자들은 값싼 자산을 사들일 수 있다. 바로 이 대목에서 포스트 코로나 시대의 세 번째 투자 전략을 도출할 수 있다. "인플레이션이 본격화하기 전에 투자에 활용할 현금을 미리 확보하라."

2

널뛰기 증시에
대처하는 법

요즘 증시 거품 논란이 슬슬 일고 있다. 아마도 2021년 내내 증시 거품 논란은 이어질 것으로 보인다. 실물 경기가 회복되지 않은 상황에서 증시만 폭등하고 있기 때문이다. 사실 주가가 거품인지, 아닌지는 당시에 아무도 모른다. 시간이 지나 돌이켜봤을 때 '아, 그때가 거품이었구나.'라고 판단하는 것이다. 지금도 마찬가지다. 현재의 증시가 거품이라고, 혹은 거품이 아니라고, 그 누구도 단언할 수 없다.

실제로 미국 나스닥 기업들의 평균 PER는 2020년 9월에 2000년대 IT 버블 수준을 뛰어넘었다. 하지만 2020년 말까지 주가는 계속 오르기만 했다. 거품 논란이 나온다는 것은, 증시의 변동성이 그만큼 크다는 말이다. 어느 날 갑자기 별다른 이유 없이 주가가 푹 빠졌다가, 갑자기 훅 올라가는 롤러코스터 장세도 나오기 쉽다. 분명히 이유는 있지만, 투자자들이 모를 뿐이다.

널뛰기 장세가 이어지면 투자자들은 혼란스럽다. 누구는 "저점에 사서, 고점에 팔면 된다."라고 말한다. 사실 이 말은 "배고플 때 밥을 먹고, 배가 부르면 숟가락을 내려놓으면 된다."라는 말과 다르지 않다. 저점과 고점을 구분하기란 거의 불가능에 가깝다.

| 다시 주식 투자의 기본 원칙을 돌아볼 때다

돈은 어떤 곳에 몰릴까? 0.0001%라도 더 많은 수익을 내는 곳이다. 돌고 돌기 때문에 돈이라 부른다는 우스갯소리가 아무런 근거가 없는 건 아니다. 더 많이 벌 수 있는 곳에 돈이 몰리는 것은 지극히 당연하다.

2020년 미국과 한국 증시에 돈이 몰린 이유도 이와 똑같다. 활황 증시가 투자자들에게 더 많은 돈을 벌어줬기 때문이다. 물론 그게 이유의 전부는 아니다. 닭이 먼저냐 달걀이 먼저냐 하는 식의 이야기가 될 수 있겠지만, 금리가 낮았기에 증시로 돈이 더 몰린 측면이 컸다. 증시에 돈이 몰리면서 증시는 상승세를 이어갔고, 상승세가 계속되니 다시 투자자들의 돈이 더 증시로 쏟아진 것이다.

금리가 낮으면 주식 시장으로 돈이 몰리는 까닭이 뭘까? 모두가 아는 대로다. 금리가 낮으니 은행에 돈을 맡기는 것도 손해를 보는 느낌이고, 채권을 사는 것도 왠지 뒤떨어진 느낌이 들었다. 그러니 주식에 투자한다.

주식을 사면 주가가 오르는 것과 별도로 배당 수익이 나온다. 다시 미국의 예를 들어보자. 2020년 12월 말 기준 S&P 500 기업의 배당 수익률은 1.5%로, 미국 10년 만기 국채 금리(약 0.9%)보다 높다. 이 말을 쉽게 풀이하자면 이런 식이다.

"미국 500개 대기업의 주식을 사면 부도 위험은 거의 없고 안정적으로 1.5% 배당을 받을 수 있다. 그런데 미국 국채는 0.9%밖에 이자를 안 준다. 그러니 주식을 사야지, 채권을 사면 바보다."

당연히 돈은 채권 시장을 떠나 조금이라도 이익을 더 주는 주식 시장으로 향했다. 코로나 사태가 터지고 2020년 내내 그러했다. 부동산은 더 심하다. 2020년 미국의 30년 만기 모기지(주택담보대출) 금리가 3% 밑으로 떨어져 사상 최저치를 기록했다. 모기지 채권을 담보로 발행되는 채권 MBS 수익률은 당연히 3%보다 높게 형성됐다. 물론, 미국 FRB가 모기지 시장의 붕괴를 막기 위해 전체 MBS의 30%를 매입하고 있지만, 어쨌든 투자자 입장에서는 안전판이 생겼다. 걱정하지 않고 높은 이자 수익을 즐길 수 있었던 것이다.

문제는 시장 상황이 달라지고 있다는 점이다. 시중 금리가 계속 올라가고 있다. 이러다가 시중 금리가 배당 수익률과 비슷해지면 상황이 크게 달라질 수 있다. 가격 변동성이 큰 주식 시장을 떠나, 안정적인 채권 시장으로 이동할 수 있기 때문이다.

물론 경기 회복으로 S&P 500 기업의 배당 수익률도 높아질 것으로 예상된다. 채권의 금리가 높아져도 배당 수익률이 더 높아진다면 달라질 것은 없다. 하지만 10년 만기 국채 금리의 상승 속도가 더 빠르다면 이야기는 달라진다. 증시의 리스크가 높아진 것인 만큼 이때는 주식을 팔지, 아니면 계속 보유할지 여부를 고민해야 한다.

이런 상황은 한국에도 고스란히 적용된다. 이미 한국에서도 널뛰기 장세의 기미가 보이기 시작했다. 2021년 내내 이럴 가능성도 있다. 그렇다면 이런 널뛰기 장세에서 어떻게 투자하는 것이 가장 현명할까? 앞에서 언급했던 '저점에 사서, 고점에 팔라'는 이야기를 떠올려 보라. 이 이야기를 살짝 뒤집으면 포스트 코로나 시대의 네 번째 투자 전략이 나온다. "기대 수익률을 낮추고, 리스크 관리에 주력하라."

이 전략을 더 쉽게 표현할 수도 있다. 우량 기업의 주가가 많이 빠졌다 싶으면 더 빠지기를 기다리지 말고 사라는 얘기다. 그 기업의 주가가 상승한다면 더 올라가기를 기다리지 말고 팔라는 얘기다. 지나친 욕심을 버리고 '적게 먹고 오래가겠다.'라고 생각하라는 이야기다. 이 빤한 이야기가 2021년 주식 투자의 기본이 돼야 할 것이다.

| 모험가라면 파괴적 혁신 기업 투자를 늘려라

그런데 어떤 기업이 우량 기업일까? 우량 기업을 찾아보자. 간단하다. 재무제표가 튼실하고, 현금 보유량이 많으며, 꾸준히 이익을 내는 기업이 우량 기업이다. 위기 상황일수록 이런 기업에 투자하는 게 안전하다. 삼성전자, LG전자, SK하이닉스 등 시가총액 상위 기업이 좋다. 이미 말한 대로, 안전한 만큼 주가 상승률은 높지 않을 수 있다. 안전한 투자가 되는 셈이다.

이런 투자가 밋밋하다고 할 사람도 있겠다. 손해가 발생할 리스크를 감수하고서라도 고수익을 노려야 직성에 풀리는 사람들 말이다. 이런 사람들이라면 널뛰기 장세에도 모험을 선택할 수 있다. 단, 투자하는 기업의 미래 성장 가능성을 꼼꼼히 따져야 한다. 또한 그 기업이 '파괴적 혁신Disruptive Innovation' 기업인지를 파악해야 한다. 이것이 포스트 코로나 시대의 다섯 번째 투자 전략이다. "위험을 감수하고 고수익을 노린다면 파괴적 혁신 기업에 투자하라."

파괴적 혁신 기업의 대표 주자는 테슬라다. 테슬라 주가는 거품 논란에도 불구하고, 2020년에만 7배 넘게 올랐다. 주가가 곧 폭락할 것이라는 비관론과, 더 올라갈 것이라는 낙관론이 여전히 맞서고 있다.

글로벌 자동차 시장 규모는 2020년 기준 약 2조 5,000억 달러로 추정된다. 현재까지는 가솔린과 경유 등 화석 연료를 사용하는 내연 기관차가 주류를 이룬다. 그런데 앞으로 기후변화 대응을 위해 전기와 수소차 등 친환경 차량이 기존의 화석 연료 차량을 대체한다면? 그 파급력은 상상할 수 없을 정도로 크다. 이런 점이 테슬라를 주목하는 요인이다. 테슬라는 일찌감치 전기 차 시장에 진출해 기존 글로벌 자동차 제조사와의 격차를 벌리며 빠른 속도로 생산량을 늘려가고 있다. 글로벌 자동차 시장의 30%만 차지해도 연간 7,500억 달러의 매출이 발생하는데, 이렇게 되면 애플을 능가하는 혁명적 기업으로 우뚝 선다.

이처럼 새로운 기술로 세상의 패러다임을 바꿔가는 파괴적 혁신 기업의 가치는 상상하기 어려울 정도로 높다. 미국에는 테슬라 외에도 AI '끝판왕'으로 알려진 팔란티어, 미국 전자상거래 분야를 석권한 아마존, 온라인 커뮤니티의 최강자 페이스북, 콘텐츠 소비 행태를 바꾼 넷플릭스, 비디오 컨퍼런스의 강자인 줌 등 이른바 4차 산업 혁명의 대표적 기업이 많다.

이러한 기업들에 PER, PBR 등 기존의 기업 가치평가를 적용하는 것은 무의미하다. 미래에 형성될 시장을 차지하기 위해 현재 시점에서 막대한 R&D 비용을 투입하기 때문에 매출은 미미한 반면 영업 적자는 많다. 부족한 자금은 유상 증자 또는 전환 사채CB 발행으로 충당한다. CB는 정해진 가격에 주식으로 전환할 수 있는 권리가 주어진 채권이다.

미국 투자 업계에서는 아크 인베스트가 파괴적 혁신 기업 투자로 유명하다. 2020년 투자 수익률이 120%를 넘어 세상을 깜짝 놀라게 했다. 이 회사의 CEO 캐시 우드는 테슬라를 초기에 발굴해 유명세를 탔다. 일찌감치 테슬라의 전기 차 및 자율 주행 차량이 기존의 휘발유, 경유 차량을 대체하면서 폭발적으로 성장하는데, 여기에 더해 엄청난 원가 절감을 이룰 수 있다는 점에 주목한 것이다.

아크 인베스트는 이제 바이오 기업, 특히 DNA 염기서열 관련 기업에 집중적으로 투자하고 있다. 앞으로 암을 비롯한 난치병 치료와 신약 개발에서 DNA 염기서열 분석 및 편집 기술이 광범위하게 이용될 것으로 본 것이다. 아크 인베스트는 이 밖에 에너지 저장 장치, AI, 로보틱스, 블록체인을 파괴적 혁신 기업이 등장할 분야로 보고 있으며, 이 분야의 대표 기업에 투자하고 있다. 세상의 패러다임을 바꾸는 분야와 그 분야의 대표 기업은 높은 가치를 인정받을 수밖에 없다.

다만, 2000년 초 IT 버블 붕괴 당시에도 그랬던 것처럼, 미래의 꿈을 인정받은 기업의 실적이 전망치를 달성하지 못하는 순간, 주가가 순식간에 무너질 수 있다는 점을 염두에 둬야 한다. 꿈을 믿고 투자했는데, 꿈이 현실로 이어지지 못하면 투자자들의 실망감은 이루 말할 수 없이 크다. 이 때문에 손해를 감수하겠다는 '모험가'가 아니면 이 혁신 기업들에게 과감히 투자하지 못할 수도 있다.

| 비트 코인과 원자재 시장 투자는 어떨까?

2020년 말 미국 기관투자자들이 대거 몰리며 사상 최고가를 경신했던 비트 코인도 투자 관심 대상에 포함시켜야 한다. '디지털 골드'로 불리는 만큼 인플레이션 헤지 자산으로 인식되고 있다.

하지만 2020년 말부터 가격이 천당과 지옥을 오가고 있어, 웬만한 강심장이 아니면 투자하기 겁이 난다. 2021년 초부터 "비트 코인 가격은 개당 10만 달러까지 갈 수도 있다."라는 낙관론과, "투자한 모든 돈을 잃을 각오를 하라."라는 비관론이 뒤섞여 나오고 있다. 재닛 옐런 미국 재무부 장관이 2021년 1월 상원 청문회에서 "암호 화폐가 테러리스트의 자금 세탁 등 불법 금융 활동에 사용되고 있어, 규제의 필요성이 있다."라고 언급하자 비트 코인 가격을 비롯한 암호 화폐 가격이 일시적으로 폭락하기도 했다.

논란이 많지만 비트 코인이 금과 은처럼 인플레이션 헤지 기능을 갖고 있다는 점은 분명해 보인다. 아직까지 화폐처럼 물건을 사고팔 때 사용할 수 있는 곳은 적지만, 보석처럼 사람들이 갖고 싶어 하는 선망의 대상이 되고 있다. 미국 월가의 전문가들은 보수적으로 전체 투자 자산의 약 5% 이내에서 비트 코인을 보유할 것을 권고한다. 하지만 이 또한 권고일 뿐, 그 누구도 비트 코인의 미래를 확신하지 못하고 있다.

그럼에도 불구하고 비트 코인을 매력적인 투자처로 보는 사람이 여전히 많은 것 같다. 주식을 대체할 투자 수단을 찾는 그들에게 이렇게 말해 주고 싶다. 포스트 코로나 시대의 여섯 번째 투자 전략이다. "가상 화폐에 대한 투자는 보수적으로, 5% 이내에서 하라."

가상 화폐 외에도 주식을 대체할 투자 수단으로 종종 거론되는 분야가 귀금속과 원자재다. 2021년 이후 인플레이션이 본격화해 물가가 올라 돈의 가치가 떨어지면 어떻게 될까? 많은 투자자들이 인플레이션을 피하기 위한 헤지 방법으로 실물 자산인 귀금속과 원자재를 눈여겨볼 것이다. 금, 은, 백금 등 귀금속과 원유, 구리, 리튬, 니켈, 우라늄 등 산업용 원자재가 해당된다.

금과 은은 인플레이션 시대에 달러화의 기축 통화 지위를 위협할 수 있다는 점에서 FRB가 시장에 개입해 가격을 통제할 가능성이 높다. 하지만 FRB도 전지전능한 신이 아니어서 영원히 가격을 묶어놓을 수는 없다. 바로 이런 점 때문에 금과 은 같은 귀금속 혹은 원자재는 여전히 매력적인 투자 대상이다.

원자재 시장은 글로벌 수요 공급 원리에 의해 움직이기 때문에 FRB의 가격 통제가 어렵다. 2021년부터 코로나 백신 접종이 본격화해 경제 활동이 회복되면 공장 생산과 글로벌 이동이 늘어나면서, 그에 필요한 원자재 수요가 늘어나게 된다. 게다가 인플레이션에 대비하는 차원에서 실물 자산의 수요까지 겹칠 수 있다.

원자재 시장에는 이미 이런 요인들이 충분히 반영돼 있다. 게다가 인플레이션 압박도 받았다. 그 결과 2020년 중반부터 원자재들의 가격이 서서히 올라가고 있다. 구리를 비롯해 일부 원자재는 이미 상당히 높은 가격에 거래되고 있기도 하다. 그렇다 하더라도 앞으로 가격이 더 상승할 가능성은 충분히 높다. 물론 원자재 시장이 요동칠 수는 있지만 눈여겨볼 투자처인 것만은 분명하다. 그러니 주식 투자 외에도 원자재 투자를 늘려 포트폴리오를 다양화하는 게 좋다. 이 대목에서 포스트 코로나 시대의 일곱 번째 투자 전략을 도출할 수 있다. "귀금속과 원자재 시장에 주목하라."

사실 기업 입장에서는 원자재 가격 상승이 반갑지 않다. 원자재 가격이 오르면 제조 원가가 상승한다. 수익성이 악화하고, 소비자 물가도 끌어올린다. 이를테면 이런 식이다. 철광석 가격이 크게 올랐다고 치자. 그러면 철이 필요한 자동차와 조선 등의 제조 원가가 오른다. 이 원가 상승분은 최종 제품 가격에 반영된다. 그러니 소비자 물가도 올라간다.

원자재에 투자하려면 어떻게 해야 할까? 국내 증시에 상장된 원자재 ETF(상장 지수 펀드)를 사기만 하면 된다. 일반 주식처럼 쉽게 사고팔 수 있다. 매매 차익은 이자 및 배당 소득으로 간주돼 15.4%(지방세 포함)의 세금을 내야 한다.

다만 한 ETF의 손실과 다른 ETF의 이익을 상계 처리할 수는 없다. 금 ETF 매매로 3,000만 원을 벌고, 원유 ETF로 2,000만 원 손해를 봤다고 가정하자. 이때 투자자의 총 이익은 1,000만 원이다. 그러니 1,000만 원에 대한 세금만 내면 될 거라고 생각하기 쉽다. 하지만 세금은 각각 계산해야 한다. 손해 본 원유 ETF는 아무런 상관이 없다. 금 ETF 매매로 얻은 이익 3,000만 원에 대해 세금을 내야 한다는 뜻이다.

미국에는 ETF 시장이 잘 발달돼 있어, 특정 귀금속과 원자재별로 ETF 상품이 많다. 미국 ETF는 원자재 및 채굴 회사를 같은 ETF에 포함시킨다. 예를 들어, 금 ETF에는 금 현물뿐 아니라 금 채굴 기업도 포함돼 있다. 금값이 100% 올라갔을 경우 금 채굴 기업 또한 보유하고 있는 금의 가치가 올라가 주가가 150~200% 올라가기 때문이다. 그래서 워렌 버핏이 금이 아니라 금 채굴 기업에 투자한 것이다. 미국의 ETF를 살 경우 세금은 해외 주식을 사고팔 때와 똑같이 양도차익의 22%(지방세 포함)이다.

3

부동산 투자,
기다림이 필요하다

코로나 사태가 악화하는 순간에도 한국의 부동산은 오름세를 멈추지 않았다. 정부가 내놓은 대책은 시장에서 거의 통하지 않았다. 그래도 정부는 언젠가 정책이 먹혀들 것이라며 계속 대책을 내놓았다.

정부가 주택 시장을 안정시키겠다며 내놓은 정책 중에는 이런 것도 있다. 15억 원 이상 고가 아파트를 매입할 때는 은행 대출 자체를 허용하지 않는 것이다. 9~15억 원의 아파트라면 은행 대출 자체를 막지 않지만 제한을 가한다. 시가 9억 원 초과분에 대해 담보로 인정하는 비율, 즉 주택담보대출비율LTV을 20%로 정한 것이다. 고가 아파트를 사는 이들에게는 도움을 주지 않겠다는 의도가 읽힌다.

하지만 여전히 시장에는 부동산 가격이 계속 오를 거란 '믿음'

이 팽배하다. 그러니 무주택자들은 나중에는 영영 집을 사지 못할 거란 불안감에 온갖 신용 대출까지 동원하면서 아파트 매수에 나섰다. 오죽하면 영혼까지 끌어올 정도라는 '영끌'이란 표현까지 등장했겠는가? 포스트 코로나 시대, 이런 풍속도가 달라질까?

| 미국 부동산 투자, 고려할 만하다

2020년 한국의 주거용 부동산, 즉 아파트 시장은 코로나 사태에 전혀 개의치 않고 천정부지로 치솟았다. 사상 최저 금리에다 주택 공급마저 제자리에 맴돌거나 오히려 줄었기에 일어난 '초유의 상황'이었다. 2021년에도 이 상황이 계속 유지될까? 지금이라도 어떻게든 돈을 끌어모아 부동산 시장에 뛰어들어야 하는 걸까? 그게 아니면, 아파트 가격의 폭락이 예상되니 팔아야 하는 걸까?

이 모든 질문에 대한 답은, "아직 알 수 없다."이다. 늘 말하지만 시장은 불확실하다. 다만 미래 상황을 예측할 수는 있다. 일단 미국 시장의 변화를 예의 주시 할 필요가 있다. 미국 부동산 가격이 추락하면 한국 부동산 시장도 똑같은 방향으로 갈 확률이 매우 높기 때문이다. 따라서 미국 부동산 시장에 대한 전망부터 알아둘 필요가 있다.

미국에서도 2020년에 부동산 가격이 상승했다. 한국처럼 폭등 수준은 아니지만 급등이라고 표현할 수는 있을 것 같다. 한국과 마찬가지로 주거용 부동산의 상승폭이 컸다. 주거용 부동산은 연간

10% 넘게 올랐다. 과거 1년에 4~5% 상승한 것에 비하면 상당히 많이 오른 셈이다. 특히 도심 근교 가격이 많이 올랐다. 반면, 도심의 상업용 건물은 오히려 폭락했다. 앞에서 밝힌 대로 이런 결과는 코로나 사태로 나타난 것이다.

2021년 미국에서는 부동산 가격이 하락할 요인들이 꽤 있다. 일단 주거용 부동산 시장은 연방 정부가 모기지 원리금 상환 연장, 강제 퇴거Eviction 조치를 언제까지 유예할 것인가에 달렸다. 이를 유예해 주지 않는다면 많은 사람이 주거지에서 쫓겨날 수도 있다. 일단 미국 정부는 실업률이 코로나 사태 이전 수준인 3.5~3.6%로 떨어질 때까지 금융 지원을 이어가기로 했고, 바이든 행정부도 출범과 더불어 두 가지 조치를 2021년 9월 말까지로 연장했다. 하지만 언제까지고 무기한 연장해 줄 수는 없다. 이미 시장 왜곡 현상이 나타나고 있기 때문이다.

이를테면 미국의 집주인들은 월세를 받아서 자신의 모기지 대출 원리금을 갚는데, 월세를 받지 못하고 있는 상황이다. 물론 집주인들도 모기지 원리금 상환 유예를 신청할 수 있지만, 언제까지 손실을 버틸 수 있을지가 의문이다. 이들이 집을 내놓는다면? 그래서 시장에 매도 물량이 많아진다면? 당연히 부동산 가격은 하락한다.

코로나 백신 보급률 또한 부동산 매도 물량이 늘어나는 데 영향을 줄 것으로 보인다.

2020년 미국의 주거용 부동산 가격이 10% 이상 올랐던 이유 중 하나는 매도 물량이 사상 최저로 감소했기 때문이다. 신종 코로나 바이러스 전파를 걱정하는 집주인들이 팔고 싶어도 집을 내놓지 못한 것이다. 달리 말하자면, 코로나 백신 접종이 늘어나는 2021년 이후로는 집주인들이 한꺼번에 집을 내놓을 수도 있다는 이야기다. 이 경우 주택은 과잉 공급 상태가 돼 버린다. 공급이 늘었으니 당연히 주택 가격은 떨어질 수밖에 없다.

이런 상황에서, 그럴 가능성은 낮지만, 미국 정부와 FRB가 MBS 매입을 중단해 버리면 부동산 시장은 붕괴할 수 있다. 현재 MBS 시장은 FRB가 매달 400억 달러어치를 매입하기 때문에 버티고 있다. 그러니 아마도 현재의 수준에서 매입 규모를 확 낮추지는 않을 것이다.

이처럼 미국 부동산 시장은 한국과 달리 미국 정부의 강력한 개입 덕분에 간신히 버티고 있다. 미국에서는 정부가 조금씩 발을 빼는 순간, 시장의 분위기가 확 바뀔 수 있다. 미국 정부, 특히 FRB의 양적 완화 정책이 어떻게 변하는지를 유의 깊게 살펴야 하는 이유다.

만약 미국 부동산 시장에 투자하고 싶다면, 미국 부동산 시장의 양극화 현상에 주목하기를 바란다. 이를 포스트 코로나 시대의 투자 전략이라고는 할 수 없지만 기회인 것만은 분명하다.

특히 상업용 부동산 시장이 무너질 조짐이 보인다. 이미 호텔과 쇼핑몰, 오피스 빌딩 등에서 이런 현상이 나타나고 있다. 호텔 객실의 예약률과 극장, 쇼핑몰 방문객은 이미 1년 전보다 80% 이상 줄었다. 코로나 백신이 보급돼도 수많은 사람들이 다시 한 장소에 한꺼번에 모이기는 어렵다. 게다가 기업에서도 재택근무가 정착되고 있어 상업용 부동산의 침체는 한동안 지속될 것으로 보인다. 그래서 월가의 많은 투자자들이 파생상품을 통해 상업용 부동산 관련 채권을 '쇼팅shorting'하고 있다. 역설적이지만, 부동산 가격이 떨어지거나, 관련 채권이 부도나야 큰돈을 버는 구조다. 하지만, 개인 투자자들이 쉽게 살 수 있는 상품은 아니다.

| 한국 부동산 투자, 때를 기다려라

미국 부동산 시장은 이미 말한 대로 미국 정부 정책을 예의 주시 하는 게 가장 중요하다. 한국의 경우는 어떨까? 한국 부동산 시장과 미국 부동산 시장이 긴밀히 연결돼 있기에 미국 상황은 곧 한국에 반영된다. 미국 시장이 추락하면 한국도 추락할 가능성이 크다는 이야기다.

다만 한국의 경우로 국한하면 특히 눈여겨봐야 할 게 있다. 바로 아파트의 거래량과 금리의 추이를 관찰해야 한다. 이 두 가지 변수가 부동산 매수 혹은 매도의 시점을 판단하는 데 가장 중요하기 때문이다.

전 세계 어느 국가든 요즘에는 부채가 폭증하고 있다. 금리가 낮다 보니 너도나도 돈을 갖다 쓰기 때문이다. 국가마다 양상은 조금씩 다르다. 미국과 유럽의 경우 정부와 기업의 부채가 급증하고 있다. 한국에서는 이와 달리 가계 부채가 너무 많다. 한국의 경우 이미 가계 부채가 약 1,700조 원을 기록하며 GDP의 100%를 넘어섰다. GDP는 정부, 기업, 가계, 개인의 경제활동 합계인데, 이미 개인의 금융 대출만으로 전체 경제 규모를 넘어선 것이다. 지극히 비정상적이다.

이런 상황에서 추가로 빚을 진다고 해 보자. 과연 원금을 갚을 수 있을까? 아니, 원금은 고사하고 이자라도 감당할 수 있을지 의문이다. 사실 가계 부채는 이미 위험한 수준까지 치솟았다. 그런데도 이 문제가 터지지 않았던 것은 대출 금리가 낮았기 때문이다. 그나마 이자는 감당할 수 있었던 수준이란 얘기다. 하지만 앞으로는 전체 빚이 너무 많아지기 때문에 낮은 금리의 이자도 감당할 수 없을 거란 우려가 나오고 있다.

사실 앞으로는 대출도 더 어려워질 것으로 보인다. 이미 빚을 많이 졌으니 추가 대출을 허용치 않는 게 당연해 보이기도 한다. 문제는, 이런 상황이 아파트를 구입하려는 사람에게는 결코 좋은 조건이 아니라는 것이다. 정부는 아파트 자금으로 쓰기 위한 신용 대출까지 틀어막았다.

주식과 마찬가지로 부동산도 가격이 계속 오르려면 누군가 지속적으로 고가 매물을 사줘야 한다. 하지만 매수 희망자가 더 이상 빚을 내기 어려운 상황까지 왔으니 부동산 거래량은 줄어들 수밖에 없다. 주택담보 대출비율을 올리는 것도 아파트 매수 희망자에게는 걸림돌이다. 물론 일부 현금 부자들은 은행 대출을 받지 않고도 아파트를 산다. 그러나 이들의 거래 건수는 상대적으로 적다.

이들이 아무리 움직여도 부동산 평균 가격을 전체적으로 끌어올리기는 쉽지 않다.

그러다 보니 2020년 하반기부터 아파트 거래량이 급격히 줄었다. 거래량이 폭발한다면 가격 상승의 신호탄이겠지만, 거래량이 감소하고 있으니 분명 아파트 가격 하락의 신호탄일 수 있다. 이 점만 놓고 보면 2021년에는 부동산 가격이 미친 수준으로 치솟는 일은 당연히 없을 것 같다. 게다가 거래량이 줄고 있으니 가격이 하락할 것 같다.

하지만 이 전망이 반드시 현실화하지 않을 가능성도 크다. 금리 때문이다. 생각해 보라. 시중 금리가 낮고 주택담보 대출 금리도 낮을 경우 여전히 돈을 '쉽게' 구할 수 있다. 돈이 넘치면 부동산 거래량은 줄어들지 않는다. 뒤집어 말하자면, 부동산 가격을 떨어뜨리려면 금리를 올려야 한다는 이야기다. 전문가들은 금리가 약 0.5~1.0% 포인트 올라가면 부동산 시장에 직접적인 타격을 줄 것으로 예상하고 있다. 반대로, 금리가 올라가지 않는다면 부동산 가격은 하락하지 않을 거라는 전망도 가능하다.

한 가지 더, 정부는 재산세와 종합부동산세 등 보유세를 대폭 올리고 있다. 이를 통해 아파트 가격을 안정시키겠다는 건데, 사실 부동산 시장 전체에는 큰 영향을 주기 어렵다. 게다가 이 세금의 인상은 정상적이라기보다는 징벌적 성격이 강하기 때문에 강력한 조세 저항에 부딪힐 수밖에 없다. 몇 년 지나지 않아 표를 의식한 정치권에서 보유세 인하 주장이 나올 것으로 예상된다.

자, 결론이다. 2021년 한국의 부동산 시장은 크게 오르지도, 그렇다고 크게 떨어지지도 않을 것 같다. 내 집 마련이 목적이라면 몰라도, 투자 목적이라면 조금은 다른 관점이 필요하다. 앞으로 닥칠 인플레이션과 시장 금리 상승을 감안하면 2021년은 부동산 투자의 적기가 아니다.

세상에 영원한 것은 없다. 지금의 높은 집값이 계속 유지될 것이라는 보장도 없다. 사람들은 '강남 불패 신화'를 말하지만 2008년 금융 위기 이후 서울 강남 집값이 떨어진 적도 있다. 자신의 소득 수준을 한참 초과해 대출을 받는 식의 '영끌' 구매는 말리고 싶다.

워렌 버핏과 함께 버크셔 해서웨이를 이끌고 있는 찰리 멍거의 유명한 투자 조언이 있다. "큰돈은 사고파는 게 아니라, 기다림에 있다The big money is not in the buying and the selling, but in the waiting." 포스트 코로나 시대의 마지막 여덟 번째이자 부동산 투자에서 가장 중요한 전략이 바로 이 명언에서 나온다. "투자 목적의 부동산 투자는 삼가고, 기다려라. 때로는 기다림도 중요한 투자다."

미국 경제를 알면 돈이 보인다

초판 1쇄 찍은 날 2021년 3월 15일
초판 1쇄 펴낸 날 2021년 3월 22일

지은이 김두영
발행인 조금희
발행처 행복한작업실
등 록 2018년 3월 7일(제2018-000056호)
주 소 서울시 서초구 서초대로 65길 13-10, 103-2605
전 화 02-6466-9898
팩 스 02-6020-9895
전자우편 happying0415@naver.com

편 집 김정웅, 김신희
디자인 롬 디
마케팅 임동건

ISBN 979-11-970572-6-7 03320